MEMOIRES

POLITIQUES & MILITAIRES

POUR SERVIR à

L'HISTOIRE

DE NOTRE TEMS,

RECUEILLIS & PUBLIÉS

PAR MR. D. V***

OPE´RATIONS DES ARME´ES FRANÇOISES EN ALLEMAGNE EN 1759.

A FRANCFORT & LEIPZIG,

AUX DEPENS DE LA COMPAGNIE.

M DCC LX.

MEMOIRES
POLITIQUES & MILITAIRES
POUR SERVIR à
L'HISTOIRE
DE NOTRE TEMS.

No. I.
OPÉRATIONS DES ARMÉES FRAN-ÇOISES EN ALLEMAGNE EN 1759.

CHAPITRE I.

Contenant ce qui s'est passé de plus remarquable entre les Armées Françoise & Hanovrienne, depuis la conquête de Saint-Goar jusqu'à la Bataille de Berghen, inclusivement.

Le Maréchal Prince de Soubise finit l'année 1758. & a commencé l'année 1759. par ces grands coups d'Etat que la prudence conseille, que la convenance approuve, que le Droit de la guerre autorise, que la nécessité justi-

fie,

fie, & que l'Ennemi ne fçauroit blâmer, quelque préjudice qu'il en reçoive, puifqu'il les frapperoit lui-même, s'il fe trouvoit dans les circonftances où fe trouve le Général obligé d'y avoir recours.

En formant le plan des Quartiers d'hyver que ce Prince deftinoit à fon Armée, il eût foin de ne les étendre pas trop ; & la feule néceffité d'éviter cet inconvénient, lui fit prendre la réfolution d'évacuer Caffel, Münden, Witzenhaufen, Fritzlar, & d'autres Villes que les Troupes Françoifes occupoient dans le Landgraviat de Heffe-Caffel ; de raffembler ces Troupes depuis Marbourg & Hanau, d'en laiffer une partie dans la Franconie & fur les bords du Rhin ; en un mot d'ôter à un Ennemi qui n'attend pas le retour de la belle faifon, pour chercher & pour attaquer le fien, les moyens d'inquiéter l'Armée Françoife pendant l'hyver.

Le Prince de Soubife tranfporta donc fon Quartier-Général de Caffel à Hanau. Il y arriva le 10. Décembre, après avoir fait enlever de l'Arcenal de Caffel, 71. piéces de groffe Artillerie, & toutes les menues armes en état d'être de quelque ufage à l'Ennemi, & avoir fait enlever les fourages jufques aux portes de Gottinguen, où le Prince d'Yfembourg avoit fon Quartier-Général. Pour mieux affûrer la retraite de fon Armée, le

Prince

Prince de Soubife ne quitta Caſſel, que le 23. de Novembre, avec la quatrième diviſion de ſon Armée, conduite par le Prince Camille de Lorraine, & par le Comte de Lannion, Lieutenants-Généraux. Cette précaution étoit indiſpenſablement néceſſaire: un ennemi déſarmé & affamé eſt moins remuant. Le Prince laiſſa 1200. hommes dans la Ville & dans le Château de Marbourg, aux ordres de Mr. Dupleſſis, Colonel, Commandant de Bataillon dans le Régiment de Piémont; le Marquis Deſſalles, Maréchal de Camp, à Gieſſen avec les Régimens de Courten & de Löwendall; & le Prince Camille de Lorraine, à Friedberg avec une Garniſon conſidérable. Des Détachemens de Troupes légères furent poſtés aux gorges des defilés par où l'Ennemi auroit pû déboucher inopinément ſur les Quartiers de l'Armée Françoiſe.

Les Heſſois profitèrent de cette évacuation pour reprendre poſſeſſion de Caſſel, de Münden, de Fritzlar, & de tous les poſtes abandonnés; leur premier ſoin fut d'y faire toutes les recrues poſſibles.

Par la poſition que le Maréchal-Prince de Soubife avoit donnée à ſon Armée, il lui conſervoit la liberté de rentrer dans ces Villes, quand il lui plairoit; elle veilloit à la ſûreté de ſes Magaſins ſur le Mayn & dans la Weteravie; elle reſtoit à portée de recevoir ſans

 obſta-

obstacle, ses munitions, ses recrues & ses
subsistances, de l'Alsace & du Rhin : elle protégeoit la Franconie, & couvroit le Palatinat ;
elle pouvoit, en cas de besoin, soûtenir l'Armée des Cercles, ou se porter vers la Save ;
mais tous ces avantages ne suffisoient pas pour
calmer les inquiétudes d'un Général aussi pré-
voyant que l'est Monsieur de Soubise.

Par une suite des ménagemens que le Roi
de France avoit eus pour le Landgrave de
Hesse-Cassel, qu'il espéroit à force d'offres
avantageuses & de bien-faits réels, de déta-
cher enfin des intérêts des Ennemis de l'Empire & des siens ; ce Monarque avoit permis
que la Ville de Rhinfelds & les Forts qui en
dépendent, jouissent d'une Neutralité qui pouvoit un jour devenir funeste aux Armées du
Mayn & du Bas-Rhin. La Cour de Hesse
& ses Alliés pouvoient donner enfin leur attention à l'importance de ces Forteresses, profiter de l'avantage de leur situation, pour couper sur le Rhin, la communication des deux
Armées Françoises ; pourvoir plus efficacement
à leur défense, renforcer insensiblement & clan-
destinement leurs Garnisons ; mettre ces Garnisons en état de faire des courses sur les
Quartiers de l'Armée Françoise, ou de s'y
porter même en force, ce qui leur étoit ai-
sé dans un pays où ils ont tant de partisans,
& où il auroit été difficile de les empêcher
de

de pénétrer. Ainsi ces ménagemens avoient sauvé jusqu'alors au Landgrave, des Places dont il eût convenu de s'emparer, par quelque voie & à quelque prix que ce fût, au commencement de la guerre.

Ces ménagemens n'étant plus les mêmes depuis la rupture de la Convention de Closter-Seven, depuis le refus des offres postérieures faites au Landgrave, depuis les négociations secrettes qui se faisoient à Londres pour le renouvellement de son Alliance avec la Cour d'Angleterre, qui outre l'augmentation des subsides ordinaires, lui en accorda d'extraordinaires, outre une gratification de soixante-mille livres st. depuis les ordres donnés dans tous les pays dont on venoit de lui rendre la possession, d'y lever les Milices & tout autant de recrues qu'il seroit possible; le Maréchal-Prince de Soubise n'hésita plus de former le projet de lui enlever des Forteresses, les seuls points où la communication des Armées Françoises & la navigation du Rhin auroient pû être coupées depuis Constance jusqu'au Wahal.

La Ville de Saint-Goar, appellée *Sangeweber* est située sur la rive gauche du Rhin entre Bacharach & Coblentz. Elle est bien fortifiée; mais Rhinfelds qui en est le Château, l'est infiniment mieux. Cette Forteresse est sur une montagne qui n'est accessi-

A 4

ble

ble que du côté de Saint-Goar par un chemin très-escarpé, & si étroit que deux personnes ne peuvent y monter de front.

A l'opposite & sur la rive droite du fleuve est la ville de Goarshausen, aussi fortifiée,
& commandée par deux montagnes, au sommet desquelles il y avoit autrefois deux Forts
connus en Allemagne sous le nom du *Chat*
& de la *Souris*, & aujourd'hui appellés le
Katz & le *nouveau Katz*. Un peu plus bas
est la Ville de Welmich aussi sur le Rhin, &
qui est aussi du Domaine de Rhinfelds. L'an-
cien Fort de Katz n'est plus rien, & n'est pas
même marqué dans la pluspart des Cartes;
le nouveau est encore bien entretenu.

Descendre le fleuve entre les feux de ces
Forteresses, est une chose im possible; envoyer
pour les conquérir, une Armée en plein hyver, étoit un expédient encore moins prati-
quable; à peine l'étoit-il en été; une Armée y auroit donc échoué, quelque nombreuse qu'elle eût pû être; s'en emparer par
un coup de main, ne paroissoit pas être une
ressource facile; n'attaquer que les Forts de
la rive droite auroit été avertir les Garnisons
des Forts de la gauche de se tenir sur leurs
gardes, & *vice versâ*. Monsieur de Castries alors Maréchal de Camp, aujourd'hui
Lieutenant-Général, résolut de les emporter
tous d'emblée, à la fois, & par l'endroit
de la

de la Forteresse de l'accès le plus difficile : il y réussit.

Parfaitement instruit du véritable état de ces Places, il partit le 30. Novembre de Coblentz où il commandoit les Troupes du Roi, avec le Régiment de Saint-Germain, 250. Dragons du Régiment du Roi, conduits par le Comte de Scey Brigadier & leur Colonel, & par un pareil Détachement des Dragons de la Feronaye. Il arriva à Ober-Cassel, où des batteaux l'attendoient pour embarquer sa troupe. Dès qu'elle fut embarquée, on descendit le Rhin ; M. de Castries en sépara les Dragons du Roi qu'il chargea de l'attaque de Goarshausen ; il retint pour lui le péril de celle de Rhinfelds & de S. Goar.

M. de Scey arriva devant Goarshausen quelques heures avant le jour ; il en fit enfoncer les portes par 30. de ses Dragons. Le Commandant de la Place en défendoit l'entrée avec sa Garnison. Deux Dragons furent blessés de deux coups de bayonnette. M. de Scey pénètre lui-même dans la Ville, malgré cette résistance ; saisit & désarme le Commandant, force la Garnison à mettre bas les armes. Les Dragons s'emparent de tous les postes, & quoiqu'il n'y eût point eu de capitulation, les François ne font aucune insulte ni aux Bourgeois, ni aux Troupes ; leur générosité naturelle étant

A 5   pour

pour l'Ennemi, la plus forte des Capitula-
tions.

Le Comte de Scey fait tout de suite sommer le Commandant du Fort de Katz, par
le Chevalier du Chaila, Capitaine dans son
Régiment. Le Commandant voyant que l'affaut alloit suivre de près la sommation, se
rend prisonnier de guerre avec sa Troupe.
A Rhinfelds, la perte & la résistance furent moindres encore; il n'y fut pas tiré un
seul coup de fusil. Arriver devant la Place
à huit heures du matin, escalader la Ville,
en faire la Garnison prisonnière de guerre,
sommer le Commandant de S. Goar de se
soûmettre au même sort, avec sa Garnison
composée de 700. hommes; prendre possession des deux Places: voilà l'ouvrage de deux
heures, & toutes les formalités qui précédè-
rent la conquête. Le Marquis de Crequi,
Officier d'une haute naissance, se distingua
particulièrement à l'escalade de Rhinfelds.

Ainsi le Marquis de Castries & le Comte
de Scey eurent-ils la gloire d'emporter dans
un seul jour, en peu d'heures & presqu'en
même temps, quatre Villes ou Châteaux, cé-
lèbres dans l'Allemagne par leurs ouvrages,
très-importantes & très-dangereuses par leur
situation; dont l'attaque & la défense dans
les formes auroient coûté un temps considérable, des frais immenses, peut-être des Armées

mées entières. Tant il est vrai qu'il est inutile de faire construire à grands fraix, des Forteresses redoutables, si on n'apprend à en tirer parti, à s'en servir à-propos, à veiller à leur deffense. L'Ingenieur a travaillé en vain, si la garde sommeille.

Les François firent 8. à 9. cent prisonniers dans ces quatre Places, trouvèrent quelques drapeaux, un nombre considérable d'Artillerie, & tout ce qui peut assortir un Arcenal & des Forteresses, telles que celles dont ils venoient de faire la conquête.

Une expédition dont le succès étoit si prompt & si brillant, ne répondit qu'en partie, à la prévoyance du Maréchal-Prince de Soubise. Il étoit possible que les Hessois, renforcés de quelques Détachemens de Prussiens & d'Hanovriens, ne profitassent de la dispersion des Armées françoises, pour délivrer le Comté de Hanau. Le Prince d'Ysembourg, leur Général bruloit d'envie d'en délivrer sa propre Principauté, d'avoir sa revanche des Journées de Holtzhausen & de Luttelberg; de briller par quelque coup de surprise, puisque les coups prémédités lui avoient si-mal réussi. Il avoit d'ailleurs une infinité de gens affectionnés dans la Wétéravie & dans Francfort, où tous les cœurs ne font pas des vœux pour le succès des Armées Impériales & Françoises. Une Campagne

pagne d'hyver n'étoit donc pas impossible, & la Cour de France avoit donné les ordres les plus précis de l'éviter.

Il étoit absolument nécessaire, par conséquent, d'occuper la Ville de Francfort, & de passer, pour y entrer, sur les formalités ordinaires. Des privilèges particuliers auroient-ils tenu, doivent-ils en effet tenir, contre l'intérêt public, & contre la raison de guerre sur-tout, qui a si rarement égard à des droits bien plus sacrés que des Privilèges?

Le 2. Janvier 1759. fut donc marqué pour frapper ce grand coup d'Etat. Le Maréchal-Prince de Soubise demanda à la Régence de Francfort, le passage pour le Régiment de Nassau. Ce passage fut accordé, parcequ'un refus ne l'auroit vraisemblablement pas empêché. Ce Régiment se présenta vers les 8. heures du matin, aux portes de la Ville ; il y fut reçu avec les honneurs accordés ordinairement aux Troupes étrangères qui la traversent. L'ordre lui étoit donné de s'emparer, lorsqu'il seroit arrivé à la porte de Saxenhausen, du grand Corps de Garde, de celui de l'Artillerie, des portes, & de tous les postes. Cet ordre est exécuté sans confusion & sans résistance, mais au grand étonnement des habitans. Les Régimens de Beauvoisis, de Rochefort, de Bentheim, & Royal Deux-Ponts suivent celui de Nassau, &

se

fe rangent en ordre de Bataille dans les Places & les plus grandes rués. Le Maréchal
Prince de Soubife arrive lui-même à dix heures, fait affembler la Régence, lui repré-
fente avec douceur, mais avec fermeté :
„ que fa démarche n'étoit pas faite pour
„ caufer le moindre préjudice à l'Empire,
„ ni aux Etats voifins du Mayn & du Rhin;
„ qu'elle n'étoit qu'une précaution indifpen-
„ fable ; que les Ennemis de l'Empire, &
„ les leurs, par conféquent, avoient laiffé
„ entrevoir quelque defir de fe porter vers
„ la Franconie ; que dans ces conjonctures,
„ il ne pouvoit ni éloigner fon Armée de
„ Francfort, ni difperfer trop fes Quartiers
„ d'hyver ; que le Roi protégeroit leur Vil-
„ le, leur Religion, leurs fortunes, & leurs
„ privilèges de la manière la plus éclatante ;
„ que fes Troupes obferveroient la difcipli-
„ ne la plus exacte, & le meilleur ordre
„ poffible ; & qu'on prendroit pour les lo-
„ gemens, les mefures les plus compatibles
„ avec le foulagement des Bourgeois & les
„ befoins de la Garnifon. „ La Régence
plia ; Monfieur de Soubife tint parole, &
établit bientôt le Quartier-Général à Francfort ; les autres fe firent avec tranquillité.
Le Commerce ne fouffrit aucune interruption.
L'embarras des logemens fut abondamment
compenfé par les profits qu'une Garnifon fi
nom-

nombreuse, & une Cour aussi brillante que celle du Prince de Soubise, porte dans une Ville, & par le débit extraordinaire de toutes sortes de denrées & de marchandises. Les Régimens de Beauvoisis & de Bentheim évacuèrent la Ville quelques jours après, pour diminuer les charges des habitans. On remédia à la disette d'écuries, en en faisant construire dans les Places publiques, on les abbattit dès que les besoins de la Ville l'exigèrent. Les fêtes que le Maréchal-Prince de Soubise, & à son exemple, les Généraux & la Noblesse donnèrent, firent presque chérir la surprise du 2. Janvier. Ceux qui en conservent quelque rancune, n'osent la faire éclater; & si tous les cœurs ne sont pas réünis, dumoins la paix a-t'elle toujours régné dans cette grande Ville.

Sur le Bas-Rhin, le Maréchal de Contades avoit fait quitter la tente à son Armée, & l'avoit repartie dans les Villes que baignent le Rhin & la Meuse, & dans celles qui sont entre ces deux fleuves; de manière à pouvoir la rassembler de ses quartiers les plus éloignés, dans deux fois 24. heures.

Le 13. Novembre il sépara son Armée à Hamm, pour l'envoyer dans les quartiers qu'il lui avoit destinés. Il en porta la plus grande partie sur Wezel, par Unna, & Dortmund.

MEMOIRES
POLITIQUES & MILITAIRES
POUR SERVIR à
L'HISTOIRE
DE NOTRE TEMS.

No. (II.)

SUITE DES OPÉRATIONS DES ARMÉES FRANÇOISES EN ALLEMAGNE EN 1759.

Le 14. le Marquis d'Armentières quitta Luhnen avec sa réserve, fit l'Arrière-Garde, & se porta sur Wezel par Recklinghausen & Dorsten.

M. de Contades fit quelque séjour à Wezel, dont il reconnut les environs & l'état actuel, avec tout le soin possible; il y laissa une Garnison de 15. Bataillons & d'un Régiment de Houssards. 60. Bataillons furent répartis sur les deux rives du Rhin, pour leur sûreté. Un cordon de Troupes légères entouroit le Duché de Bergue, & protégeoit les Quartiers d'hyver. Le Maréchal parcourut tous les postes le long du Rhin depuis Xanten, jusqu'au Canal de Cleves; ceux de Cranenbourg, de Goch, & de Gueldre; &

(B)

il

il fit conftruire des redoutes dans tous les lieux, où elles pouvoient être utiles. Il en fit autant de tous ceux qui étoient fur les deux rives du Rhin, depuis Wezel jufqu'à Cologne. Il renvoya en France les Régimens qui avoient le plus fouffert pendant les Campagnes précédentes, & qui ne s'étoient pas encore bien rétablis. Incorporations de Milices dans les vieux Corps, arrivée continuelle de recrues, éxercices fréquens, habillement nouveau, difcipline éxacte par-tout, poftes bien gardés; rien en un mot ne fut négligé pour ramener en Allemagne, l'Armée la plus floriffante que la France y ait jamais envoyée.

Le Prince Ferdinand de Brunswick fe hâta de fon côté, de donner à fon Armée, le repos dont elle avoit befoin. Il lui fit d'abord prendre poffeffion de tous les poftes que les François avoient occupés pendant leur féjour à Hamm, & le 18. Novembre, il la fépara pour l'envoyer du Camp près de Rheda, dans fes quartiers d'hyver. Il établit fon Quartier-Général à Munfter, où il fit entrer un Efcadron des Gardes du Corps d'Hanovre, un Efcadron des Grenadiers à cheval, deux Bataillons des Gardes à pied Hanovriens, quatre Bataillons d'Infanterie Angloife, de même que toute la groffe Artillerie. Le Prince Hérédiréditaire de Brunſwick prit le ſien à Dulmen, & le Prince de Holſtein-Gottorp à Halteren. Par cette diſpoſition, l'Armée Hanovrienne faiſoit un cordon depuis le Duché de Clèves, juſqu'à Hildesheim & juſqu'aux quartiers du Prince d'Yſembourg dans la Heſſe. Le cordon s'étendoit par le Pays de Paderborn, de la Lippe, de Tecklenbourg, du haut & du bas Evêché de Munſter, d'Osnabrug, & de Lingen, juſques en Ooſtfriſe.

Les Chaſſeurs & les Houſſards occupoient les poſtes en avant ſur la rive droite de la Roër, & de la Lippe.

Le Prince d'Yſembourg quitta Gottingue pour prendre ſon quartier à Caſſel; de là il le transporta à Fritzlar. Sa Cavallerie avoit les ſiens à Eimbecke, Nordheim, Moringen, Eldagſen, Hardegſen, & Uslar. Son Infanterie, excepté celle qui étoit reſtée avec le Prince Ferdinand, fut répartie dans toutes les Villes de la Heſſe.

Les Princes & les Cours dont ils défendent les intérêts avec plus de gloire que de bonheur, épuiſèrent toutes les reſſources, que le génie, l'ardeur de la vengeance & le beſoin ſuggèrent; en fin tout ceque les Princes, les Peuples qui leur ſont ſoumis, les Païs neutres où leurs Armées hyvernerent, purent leur fournir, pour ſe mettre en état

d'atd'attaquer de bonne heure, ou de se défendre long-temps.

La Cour de Londres leur envoya des sommes considérables, pour fournir à la levée des recrues, pour completter les vieux Régimens, & pour en lever de nouveaux. Elle completta les Régimens Anglois, par des Détachemens des vieux qui sont en Angleterre. Elle envoya des vivres, de l'Artillerie, des chevaux de remonte.

Les Régences d'Hanovre & de Hesse firent dans la même vûe, des efforts surprenans, en recrues, en milices, & pour la création de plusieurs nouveaux Corps. Ces moyens légitimes ne répondant pas assez-tôt, à l'empressement des Généraux, ils eurent recours à des levées dans les Etats libres & neutres de la Westphalie où ils avoient pris leurs quartiers. Ces moyens réünis eurent tant de succès, qu'ils ont porté l'Armée du Roi d'Angleterre au-delà du complet, & qu'on auroit dit que l'Electorat d'Hanovre & le Landgraviat de Hesse étoient épuisés d'hommes capables de porter les armes, si le Colonel Colignon qui y levoit en même temps un Bataillon de Volontaires pour le Roi de Prusse, n'y eût enrollé volontairement beaucoup plus de monde qu'il ne lui en falloit. Rien de mieux qu'un pays aussi peuplé que l'étoient alors, & aussi affamé que le sont

aujour-

aujourd'hui, la Weſtphalie, l'Electorat d'Hanovre & la Heſſe, pour trouver promptement des Soldats. Quel autre parti que celui des armes, peut prendre une jeuneſſe à
laquelle l'agriculture, les métiers, le commerce ne procurent pas de quoi ſubvenir aux
néceſſités les plus ordinaires de la vie ?

Quant aux charges, aux contributions &
aux impoſitions extraordinaires exigées dans
les quatre Evéchés de Munſter, de Paderborn, d'Osnabruck, & d'Hildesheim, dans
l'Electorat d'Hanovre, & dans les pays du
Landgrave de Heſſe ; elles excedent de beaucoup leurs revenus ? & malgré les adouciſſe-
mens que ces Peuples ont trouvés dans les
bons cœurs des Princes qui les ont exigées,
ils s'en reſſentiront des ſiécles entiers.

Je ne ſçaurois, ſans encourir le blâme
d'une partialité préjudiciable à la réputation
d'un Hiſtorien, & contraire au but de l'Hi-
ſtoire, paſſer ſous ſilence l'ordonnance que le
Prince Ferdinand fit publier à Munſter, concernant le Traitement qui ſeroit fait à ſes
Troupes pendant le quartier d'hyver. „ Elle
„ porte, que tou thôte chez qui des Officiers
„ ſeroient logés, leur fourniroit par jour huit
„ livres d'avoine, dix livres de foin, ſix li-
„ vres de paille, & le quartier franc : &
„ que tout Hôte qui n'auroit chez lui que
„ des bas-Officiers & de ſimples Soldats,

„ four-

„ fourniroit à chacun, deux livres de pain,
„ outre le feu, la chandelle & le logement. "

Cette ordonnance fut renouvellée dans le mois de Janvier, par une Lettre-Patente du même Prince, & par laquelle il étoit enjoint à tout habitant des quatre Evêchés, de s'y conformer sous peine d'éxécution militaire, quant à ce qui regardoit le traitement fixé aux Troupes, & au payement des contributions. Il est vrai que dans la même patente, ce Prince donne un démenti public, au bruit qu'on avoit répandu, dans le dessein de soulever tout le pays contre son Armée, qu'il vouloit forcer la jeunesse des Pays dont il étoit en possession, à prendre parti pour en recruter ses Troupes, ou pour l'envoyer au Roi de Prusse ; mais cet adoucissement ne diminua point les charges du Traitement & des Contributions, pour le payement desquelles les Etats furent obligés d'avoir recours à des emprunts & à des impositions sans éxemple.

Quelle différence entre le sort des habitans des quatre Evêchés de la Westphalie, avec celui des habitans de Francfort, où le Magistrat fit publier le 13. Janvier, par l'ordre du Maréchal-Prince de Soubise, une ordonnance qui portoit qu'aucun Bourgeois ou habitant de cette Ville, ne fourniroit aux Militaires logés chez lui, que le lit & la chandelle,

delle ; & M. de Wurmſer, Brigadier &
Commandant dans Francfort, pour le Roi
de France, aſſigna une heure par jour pour
recevoir les plaintes que les habitans auroient
à lui porter, contre les Officiers & les Soldats qui en oſeroient éxiger davantage.   Je
n'inſiſte pas ſur le parallèle de cette ordonnance, avec les réglemens & l'uſage des François ſur cet arricle ; ni ſur le parallèle des
charges des habitans de la Weſtphalie, avec
celles des habitans, je ne dis pas des pays
neutres, je dis des pays que les Armées fran-
çoiſes regardent comme des pays conquis.

Les Troupes légères des deux partis ne
reſpiroient qu'après la petite guerre, & comptoient de faire entre elles une campagne d'hyver.   Les Généraux les avoient poſtées dans
les lieux les plus propres à nuire à l'Ennemi,
& à aſſûrer les quartiers des Armées reſpe-
ctives, contre les ſurpriſes.   Celles de France avoient été diſpoſées le long de la Roer,
dont la rive gauche étoit occupée par la Légion Royale, depuis Duysbourg juſques à
Hattinguen.   Les Volontaires de Clermont
poſtés à Elberfeldt, gardoient la Wipper depuis Hattinguen juſqu'à Schwelm.   Ceux de
Flandres étoient à Lennep & Ratwordenwalt,
ils s'étendoient depuis Schwelm juſqu'à Hockswage.   Les Houſſards de Turpin occupoient
Hockswage, Wipperfurd, & leurs environs.

B 4

Par

Par leurs Patrouilles de la Droite, ils communiquoient le long de la Sultz & de l'Agger, juſques aux premiers poſtes des Volontaires Liégeois poſtés à Siegberg, ou par corruption Siebourg. Les Houſſards de Berchini étoient dans Wezel, mais leurs Détachemens patrouilloient ſans-ceſſe depuis Reez juſqu'à Duysbourg, & donnoient de fréquentes alertes aux Chaſſeurs Hanovriens qui étoient à Halteren. Par cette poſition, les Troupes légères veilloient à la ſureté de Wezel, & entouroient le Duché de Berghe.

Le 27. Décembre, les Volontaires de Clermont, Prince, ſortirent d'Elberfeldt, au nombre de 150. hommes, paſsèrent la petite rivière de Lenne, pénétrèrent par Dornen, Schwelm, & Breckerfeldt, juſqu'à Iſerlohn; forcèrent les Hanovriens à ſe retirer des poſtes qu'ils avoient dans cette partie du Comté de la Marc, & jettèrent l'allarme dans ceux que l'Ennemi avoit dans le Duché de Weſtphalie & juſques dans la Ville de Munſter.

Une Convention imprevûe, mais ſage, fortifia l'armiſtice naturel auquel l'hyver condamne les Armées les plus ennemies. On la doit à la prudence du Comte de Saint-Germain, qui commandoit pour le Roi à Duſſeldorp, & chargé par le Maréchal de Contades de veiller à la ſûreté du Duché de Berghe & de cette partie du Rhin. Il fit
atten-

attention que veiller à la sureté des quartiers, destination naturelle des Troupes légères, est une précaution indispensable & un avantage réel; mais que leurs courses, qui font leur amusement favori, n'aboutissent qu'à la ruine des Corps qui les font, & du plat-pays qui y est exposé, sans procurer au parti qu'elles servent, aucun avantage considérable. D'ailleurs ces Courses auroient pû attirer la guerre dans le Duché de Berghe, ce que la Cour de France avoit à cœur d'éviter. Le Comte de Saint-Germain proposa donc au Prince Ferdinand d'arrêter, sans renoncer à l'avantage respectif de la position de leurs Troupes légères, les inconvéniens dont leurs courses font suivies, tant pour elles, que pour les Peuples. Cette ouverture étoit trop utile pour n'être pas goûtée par un Général aussi judicieux que l'est le Prince Ferdinand; & on convint vers le 15. Janvier, qu'il y auroit jusques au premier Avril, une espéce d'Armistice entre les Troupes légères des deux partis; qu'elles n'inquiéteroient point leurs postes respectifs entre la Lippe & la Roer, & qu'elles laisseroient tranquilles les habitans du Comté de la Marc, épuisé par les livraisons exorbitantes & journalières de fourrages & d'autres subsistances, qu'elles en éxigeoient tour à tour.

Ce court Armistice auroit été plus heureux, s'il avoit ramené la paix; mais les Peuples ne font pas affez punis. Le Dieu des Armées n'a pas encore daigné infpirer aux cœurs des Puiffances Belligérentes, cette volonté qui triomphe efficacement des haines les plus vives, & qui difpofe les plus ambitieux Politiques à la rechercher par le facrifice mutuel de leurs jaloufies, & d'une partie de leurs prétentions. Tous les partis fe fiattent encore, & immolent à l'efpérance, beaucoup au-delà de la jufte valeur de leurs dépenfes. Ils entraînent dans leur ruine, des Amis qui n'ont rien à prétendre. Le jugement de l'Epée à laquelle on a appellé, n'eft pas encore affez clair: cependant l'Europe eft en flammes. Puiffe l'incendie être bientôt éteint !

Tandis que la Nobleffe Militaire françoife donnoit à fon Roi des preuves éclattantes de fon zèle pour la gloire de fes Armes, le Roi lui préparoit les honneurs & les encouragemens qu'elle mérite, en faifant le 1. Janvier une promotion de Chevaliers du Saint-Efprit, dans laquelle, à l'exception du Cardinal de Gêvres, il n'y eut de compris que des Seigneurs qui fervoient dans fes Armées d'Allemagne. Sa Majefté témoigna, dans cette nouvelle occafion, au Maréchal de Contades, la fatisfaction qu'elle recevoit de

fes

ses efforts pour son service, en lui envoyant le Cordon Bleu à Crevelt. D'autres Généraux avoient eu part aux mêmes fatigues, ils l'eurent aux mêmes honneurs. Les Ducs de Chevreuse, & de Broglie, le Prince de Croy, les Comtes de Guerchi, de Graville, de La Rochefouart, & de Lannion, Lieutenants-Généraux, furent admis en même temps dans cet Ordre illustre. Une Promotion de 52. Maréchaux de Camp, & de 71. Brigadiers d'Infanterie, de Cavalerie ou de Dragons, suivit de près celle des Chevaliers du Saint-Esprit. Le Marquis de Monteinard, Maréchal-Général des Logis de l'Armée, fut le seul Maréchal de Camp que le Roi jugea à propos d'élever alors au grade de Lieutenant-Général, donnant cette marque de distinction, au zèle, & au succés avec lesquels M. de Monteinard s'acquitte depuis si longtemps des fonctions pénibles de sa charge. Les services du Comte de Cornillon, Major-Général de l'Armée, ne furent pas oubliés, il fut élévé au grade de Maréchal de Camp. Les 23. Régimens vacans par la promotion de leurs Colonels ont été donnés à des Seigneurs que la naissance & la valeur appellent aux premières charges, & aux premiers commandemens des Armées.

Le Marquis d'Armentières & le Duc de Broglie quittèrent bientôt la Cour, où des affaires

faires domestiques les avoient appellés, pour rejoindre leurs Armées respectives. M. d'Armentières arriva le 18. Janvier à Crevelt, & M. de Broglie arriva le 24. du même mois à Francfort. M. de Contades remit alors au Marquis d'Armentières, le commandement provisionnel de son Armée ; M. de Soubise, celui de la sienne, au Duc de Broglie, & les deux Maréchaux partirent à leur tour pour Versailles.

Le Roi informé des grands talens du Maréchal-Prince de Soubise, éxécuta bientôt après, la résolution prise long-temps auparavant, d'attacher auprès de sa personne & au Ministère, un Prince si recommandé pour la justesse de ses plans, pour la sagesse de ses conseils, pour l'étendue de ses lumières, & par le désintéressement qu'il venoit de faire paroître en appliquant aux besoins de l'Armée, & en faisant rapporter éxactement à la caisse militaire, le produit de toutes les contributions qui avoient été levées dans la Hesse ; ce Prince fut nommé Ministre d'Etat le 24. Février, & le 30. il fut admis au Conseil.

Dès-lors le même Monarque réünit sur la tête du Maréchal de Contades, le commandement en chef de ses Armées en Allemagne. La sagesse avec laquelle ce Général a conduit la sienne, lui assûroit cette glorieuse confiance.

Les

Les opérations de plusieurs Armées, combinées par une seule tête, & éxécutées par les ordres du même Général, réussissent plus infailliblement, que celles dont la combinaison & l'éxécution dépendent du concert de plusieurs têtes. Il est rare que l'accord entre deux Généraux qui commandent avec la même autorité, deux Armées différentes, soit assez unanime, pour rendre parfait, le succès de leurs opérations.

A en juger par les fêtes que les Officiers des deux Armées, donnoient aux Dames des Villes où ils avoient leurs quartiers d'hyver, on eût cru qu'il n'y avoit plus de guerre à attendre. Tout étoit tranquille dans la Westphalie, & sur les bords du Mayn & du Rhin ; mais les Cabinets du Roi de Prusse, du Roi d'Angleterre & du Prince Ferdinand n'étoient pas dans la même inaction. Il s'y forma un de ces grands projets propres à décider, toûjours du succès d'une Campagne, & souvent du succès de toute une guerre. Vers la fin du mois de Janvier, le Prince d'Ysembourg, le Prince Héréditaire de Brunswick, le Prince de Holstein-Gottorp, & le Prince d'Anhalt-Dessau se donnèrent un rendez-vous à Willemsthal, Château de plaisance à deux lieues de Cassel, & qui appartient au Landgrave de ce nom. Ils y restèrent deux jours ; & leurs plus secretes conférences roulèrent sur

l'éxél'éxécution de ce projet, & fur les opérations de la Campagne.

Il ne s'agiſſoit de rien moins que de ſe porter en force dans la Wétéravie, de pénétrer dans la Franconie, de s'emparer de Francfort, de paſſer le Main, de porter leurs Armes dans les Cercles du Haut-Rhin & de Souabe; d'y recruter leurs Troupes, & ſi je puis m'exprimer ainſi, leurs caiſſes militaires, de repouſſer les François diſperſés dans leurs quartiers d'hyver, & qu'ils comptoient de prendre au dépourvu, au-delà du Rhin & de la Moſelle, de forcer les Electeurs Eccléſiaſtiques à achetter chérement la Neutralité, de jetter en un mot la conſternation dans tout l'Empire. Le plan fut communiqué aux Cours de Londres, de Berlin & de Rintelen; il fut approuvé : le ſalut de la Cauſe commune paroiſſoit dépendre de ſon heureux ſuccès. Le projet étoit grand & digne des Génies qui les formèrent, mais il étoit plus hardi que facile dans l'éxécution. Il faut pourtant avoüer que les Princes Ferdinand, Henri de Pruſſe & d'Yſembourg, agirent d'un merveilleux concert pour le faire réüſſir.

Il falloit d'abord amuſer les François ſur le Bas-Rhin, & ſe maintenir dans la Weſtphalie, de peur que ſi on avoit trop affoibli ce point d'appui, cet affoibliſſement n'eût

attiré

attiré les François hors de leurs Quartiers, pour regagner ces Provinces, poursuivre les Hanovriens, les prendre à dos par la Hesse, leur couper entièrement le retour en Oost-frise & dans l'Electorat d'Hanovre, tandis qu'ils se seroient trouvés entre trois feux: celui des Autrichiens avancés jusqu'à Hirschfeld, & de l'Armée des Cercles, celui des Troupes aux Ordres de M. de Broglie qui continuoient d'occuper Marbourg, & celui de la grande Armée du Bas-Rhin qui les auroit infailliblement poursuivis.

Dans cette vûe, les Hanovriens répandirent le bruit qu'ils vouloient ouvrir la Campagne de bonne heure, par le siége de Wezel, ou par le passage du Rhin. Pour accréditer ce faux bruit; le Prince Ferdinand, le Prince son Neveu & le Duc de Holstein-Gottorp furent reconnoître les environs de cette Ville, jusques à Schermbeck & Heyden. Ils firent transporter 24. piéces de grosse Artillerie à Coesfeldt, & ils renforcèrent considérablement la Garnison d'Halteren & les postes des environs. Le Marquis d'Armentières n'avoit pas attendu que la nouvelle du Siège chimérique de Wezel, & du passage tout aussi chimérique du Rhin, parvinssent jusqu'à lui, pour redoubler de précaution: Zanten, Calcar, Cranenburg, les postes du Duché de Cleves:

tout

tout avoit été visité éxactement , & mis hors d'insulte.

D'un autre côté, il fit défiler, sous prétexte de changer les Garnisons, plusieurs Régimens du côté d'Hildesheim & de la Hesse; mais une partie de son Aile gauche réünie avec les Hessois commandés par le Prince d'Ysembourg n'étoit pas à beaucoup près assez forte, pour aller de Paderborn à Francfort, attaquer le Duc de Broglie ; il falloit un renfort. Le Roi de Prusse consentit à le fournir, & à augmenter de quatre mille hommes, les Prussiens qu'il avoit à l'Armée combinée. Un grand obstacle s'opposoit à leur jonction. Les Autrichiens auxiliaires de l'Armée des Cercles s'étoient répandus dans la Thuringe aux nombre de 10. à 12. mille hommes. Trois Régimens de Cavallerie & les Houssards de Spleni étoient entre Fulde & Eisenach , occupés par deux Bataillons d'Infanterie, & 4. Escadrons de Cavallerie. Le Major-Général Comte de Guasco commandoit, & se fortifioit à Erfurt, où étoient le Régiment des Dragons Palatins, & 4. Bataillons d'Infanterie ; leurs détachemens avoient pénétré jusques dans Smalkalden, Hirschfeldt, & les villages voisins, qu'ils traitoient comme les Alliés traitoient les quatre Evechés.

Leur

MEMOIRES
POLITIQUES & MILITAIRES
POUR SERVIR à
L'HISTOIRE
DE NOTRE TEMS.

No. (III.)

SUITE DES OPÉRATIONS DES ARMÉES FRANCOISES EN ALLEMAGNE EN 1759.

Leur but étoit d'entrer dans la Hesse, en même temps que l'armée de Broglie, avec laquelle ils se proposoient de faire le cordon, y rentreroit d'un autre côté; d'user de représailles contre les Hessois, des rigueurs exercées sur les Westphaliens & les Saxons; de couper toute communication entre les Troupes du Prince Henri & celles du Prince d'Ysembourg; or cette communication de la Hesse avec la Saxe ne pouvoit être entretenue que par la Thuringe.

Le Prince d'Ysembourg se concerta avec le Prince Henri de Prusse pour rétablir cette communication.

D'un côté, le premier envoya vers Hirschfeld, un Corps de quatre mille Hessois avec

(C)

du

du Canon. De l'autre, les Pruſſiens au nombre de 6000. hommes d'Infanterie, deux Régimens de Cavallerie, & un de Houſſard, entrèrent en même temps dans la Thuringe, avec 12. pièces de canon : ils arrivèrent le 27. Février devant Erfurt. Ils y entrèrent le 28 ; le Général Knoblauch accorda au Comte de Guaſco tous les honneurs qu'il demanda, parce qu'il ne vouloit pas perdra le temps à le forcer d'accepter de mauvaiſes conditions. Ils percèrent juſqu'à Eiſenach & à Philipsthal. Ils forcèrent les Autrichiens & les Troupes des Cercles à abandonner Hirſchfeldt & tous les poſtes avantageux qu'ils avoient entre la Fulda, la Verra, & la forêt de Smalcalde. On vit les Houſſards noirs à Fulde, avant qu'on ſe doutât dans cette Ville, qu'ils euſſent envie d'en approcher. Les Heſſois & les Pruſſiens y imposèrent de groſſes contributions, enlevèrent des otages, & remportèrent ſur leur route des avantages fréquens, mais médiocres, ſur les Autrichiens & les Troupes des Cercles.

Enfin la jonction des quatre mille Pruſſiens que le Prince Henri envoyoit au Prince d'Yſembourg, avec les Heſſois, fut effectuée ſur la Verra, après que les deux Nations eurent ſurmonté des obſtacles infinis, traverſé des forêts & des montagnes preſqu'impraticables, trompé tous ceux qui n'ont pénétré

qu'après

qu'après coup le véritable but de cette première expédition des Prussiens dans la Thuringe. Après cette jonction, le Général d'Urft, que le Prince Henri avoit chargé de la menager, arriva le 6. du mois de Mars à Fritzlar, où étoit alors le Quartier-Général du Prince d'Ysembourg.

Le Duc de Broglie avoit prévu à la menace du siége de Wezel faite au mois de Février, & à l'envoi que le Prince Ferdinand avoit fait en même temps de la plus grande partie de ses meilleures Troupes, vers les frontières de la Hesse & de la Wétéravie, que son véritable but étoit d'y frapper quelque coup important & imprévu. ,, Il ,, avoit toujours pensé que le projet des En- ,, nemis pouvoit avoir deux objets: ou ce- ,, lui de marcher sur l'Armée de l'Empire ,, après avoir été renforcé par les Prussiens, ,, avec une grande partie de l'Armée Hano- ,, vrienne ; ou celui de se porter par une ,, marche vive, avec toute son Armée sur ,, celle du Mayn, tandis qu'un Corps Prus- ,, sien contiendroit celle de l'Empire ; & il ,, l'avoit dès-lors mandé à sa Cour. ''

Ces deux objets, quel que fût le véritable, étoient en effet vrais tous les deux, ainsi que l'événement l'a justifié, & méritoient toute son attention. ,, Ainsi dès la premiè- ,, re marche que les Hessois avoient faite

,, sur

„ fur le Pays de Fulde, il avoit pofté à
„ douze ou 14. Lieues en avant de fa pré-
„ mière ligne, des Troupes légères, qu'il
„ avoit fait foûtenir par des poftes intermé-
„ diaires de Dragons, de Cavallerie & d'In-
„ fanterie. " foit pour en impofer aux Alliés par les approches de fes poftes avancés,
foit pour éclairer les mouvemens de l'Ennemi, & faire fes difpofitions en conféquence.
Les Volontaires de Schomberg prirent pofte
à Neuwenhoff, & un Régiment d'Infanterie,
à Gellnhaufen.

Soit que les Pruffiens fuffent contens d'a-
voir efcorté jufques dans la Heffe, les quatre mille hommes que le Prince Henri y
avoit envoyés, foit que le mouvement des
Corps que le Duc de Broglie avoit envoyés
jufqu'à trois lieues de Fulde, leur donnât
de l'inquiétude, foit qu'ils appréhendaffent
que les Impériaux qui revenoient en force
fur eux, ne leur coupaffent leur retour en
Saxe, ils en reprirent le chemin.

Le 5. du mois de Mars, les Cuiraffiers
du Prince de Pruffe commencèrent à defiler
par Erfurt, & on commença d'emporter les
Magafins de cette Ville à Naumbourg. Le
6. ils furent fuivis du Bataillon de Finck.
Le 7. & les jours fuivants on fit défiler les
Otages, la Caiffe Militaire & les Prifonniers.
Le 2. le Général Knoblauch qui avoit com-

mandé

mandé dans la Ville, tandis que le Général Aschersleben avoit le Commandement du Pays, évacua Erfurt avec sa Garnison, & se porta sur Naumbourg.

En abandonnant Erfurt, les Prussiens n'abandonnèrent pays le Pays. Le Corps du Général Knoblauch s'arrêta entre Naumbourg, Budstadt & Buttelstadt; celui du Général Aschersleben, à Utestadt, Ollendorf, Molsen & Berstadt, & depuis Langensalza jusqu'à Weissensee. Ils avoient un Pont sur l'Unstrut gardé par de l'Infanterie; & ils faisoient des mouvemens perpétuels entre Naumbourg, Weissenfels, Mersebourg & Zeitz pour dérober à l'Ennemi, la connoissance de leur véritable dessein, & du véritable état de leur force. Ils avoient eû des avantages dans leur irruption; ils reçurent des échecs dans leur retraite: tel est le sort des Armes. Mais leur séjour sur les rives de l'Unstrut, montroit assez qu'ils n'avoient pas quitté la partie.

En même temps qu'ils évacuoient une partie de la Thuringe, les Impériaux qui s'étoient repliés jusqu'à Rudolphstadt, Saalsfeld & Hoff, revinrent sur leurs pas; & y rentrèrent de l'autre: leurs Troupes reprirent leur ancienne position. Le Régiment de Gaisruck quitta le Château & rentra dans Erfurt. Le Général Arberg qui avoit reçu l'ordre de tenir ferme à Saltzungen y revint

par

par Eiſsfeldt, Schleulinghen & Meinungen; & le Lieutenant - Feldt - Maréchal Baron de Kolb, rentra par Ilmenau dans les forêts de Smalkalde & de Thuringe. La Ville de Smalcaldé fut environnée, attaquée de quatre côtés & emportée. Un mouvement que le Général de Broun fit faire à quatre Bataillons & à un Détachement de Cuiraſſiers, en impoſa aux Pruſſiens: ils vouloient rentrer dans ces forêts par Frauwenwaldt. Enfin les Impériaux paſſèrent Vacha, rentrèrent dans la Principauté d'Hirſchfeld, en ſurprirent la Capitale le 17. Mars à la pointe du jour, manquèrent pourtant trois cent Chaſſeurs qui s'évadèrent, en enlevèrent les Magazins qu'ils replièrent ſur Saltzungen, où étoit le Quartier-Général, ſe répandirent dans l'Evêché de Fulde; obligèrent le 26. le Prince d'Yſembourg de lever ſon Quartier-Général de Fritzlar, dont leurs partis s'approchèrent de deux ou trois lieues ſeulement.

Voilà donc la communication entre les Heſſois, & les Pruſſiens coupée de nouveau; l'Armée des Cercles, & les Autrichiens à portée de ſe réünir à chaque inſtant avec les Poſtes avancés du Duc de Broglie pour fondre enſemble ſur la Heſſe, & le grand projet d'attaquer ce Général & Francfort avec des forces ſupérieures, échoué.

En

En même temps que ce Duc prenoit ses précautions du côté de Fulde, il fit venir des renforts de la haute Westphalie. Le 11. Mars, le Baron du Blaizel, Maréchal de Camp, & alors Colonel-Commandant des Volontaires de Clermont-Prince : Régiment qu'il avoit lui-même si bien formé & exercé dans le peu de Mois qu'il avoit été levé, qu'il va au feu avec autant de promptitude, & le soutient avec autant d'intrépidité, que les vieux Corps, ce Baron, dis-je, partit d'Elberfeld ayant à ses ordres 400. Houssards de Turpin, environ 300. hommes tant de Cavallerie, que d'Infanterie des Volontaires de Flandres, autant des Volontaires Liégeois, & 600. de son propre Régiment. Il se porta en 4. jours dans le Comté de Nassau, & occupa Siegen. Pendant 14. jours qu'il fut dans cette position, il y eut quelques rencontres entre ses Détachemens & ceux des Ennemis. M. de Pagi, Lieutenant de Cavallerie au Régiment des Volontaires de Clermont, en détachement à Berleberg, avec 20. Cavaliers, apprit que les Ennemis avoient poussé une Patrouille, à une lieue de cette Ville, y marcha tout de suite, la surprit, & prit l'Officier, qui la commandoit, 2. Dragons & 4. Chevaux. Le reste fit peu de défense, & se sauva à la faveur de la nuit.

Les

Les Chasseurs Hanovriens ayant fait des dispositions pour se porter sur Marbourg, le Baron du Blaisel envoya le 18. Mars M. de Rome, un des Lieutenans-Colonels de son Régiment, avec un Détachement composé de 200. Volontaires de Flandres, & de 300. des siens. Ils s'emparèrent des gorges le long de la Sieg, & firent échouer les desseins de l'Ennemi. La veille il étoit arrivé à Achenbourg 1300. hommes de Troupes légères, dix Piquets, & les deux Compagnies de Grenadiers du Régiment de la Marc, aux ordres du même Baron, & faisant partie des Troupes commandées par M. d'Auvet, Maréchal de Camp. Le 24. les mêmes Chasseurs au nombre de trois ou quatre cens hommes tant à pied qu'à cheval attaquèrent à Laspe, le poste des Houssards de Turpin. M. de S. Paul de Mortier en fit donner avis aux Volontaires de Flandres, & soutint fermement le choc. L'arrivée du renfort fit retirer les Chasseurs, qui ne perdirent pourtant que quelques Chevaux.

Le Prince Ferdinand apprit bientôt les nouvelles de ce qui se passoit dans la Hesse. Il envoya sur le champ des Ordres au Prince de Holstein-Gottorp de faire sortir le 20. du Duché de Westphalie, les Hessois & les Prussiens qu'il avoit sous lui, & au Prince son Neveu, d'en faire de même des Trou-

pes

pes qu'il commandoit dans l'Evêché de Paderborn. Il leur recommanda de leur faire prendre du pain & des fourages pour quatre jours, & de se rendre au plûtôt aux lieux qu'il leur assigna, pour y attendre de nouveaux ordres.

Le 21. le Prince héréditaire de Brunswick avec trois Régimens, le Général Hardenbeck, & le Colonel de Block avec les leurs, arrivèrent à Cassel; & ils y reçurent l'ordre de continuer leur route sur le champ.

Le 22. le Prince Ferdinand fit prendre les devans à ses équipages par le chemin de Warendorff; & il partit à 9. heures du matin, accompagné du Comte de Bulow & de quatre Aides de Camp Généraux. Le Comte de la Lippe-Buckebourg, Maréchal-Général des Logis de l'Armée d'Angleterre, partit aussi le même jour, de même que la Caisse militaire. Le Prince Ferdinand avoit pris la route de Hamm, & fut coucher à Lipstadt, dont il visita les Fortifications.

Le 23. il coucha à Warbourg, d'où il arriva le lendemain à Cassel. Il y avoit donné rendez-vous aux Princes de Holstein, d'Ysembourg & de Brunswick. Il les rassembla d'abord, il ne s'ouvrit qu'à eux des mesures qu'il avoit jugé à-propos de prendre, pour repousser les Impériaux, attaquer les François, & entrer dans la Franconie, de concert avec

C 5

les

les Pruffiens, qui étoient fur le point de faire une nouvelle expédition en leur faveur. Il divifa fon Armée en trois Corps, & il ordonna que tout fût prêt à partir le lendemain.

Il donna le Commandement du premier Corps au Prince de Brunfwick, qui partit à l'iffue du confeil pour le joindre. Il étoit en marche pour Hirfchfeldt, par Melzungen, & Rothemberg. Le Prince le fuivit le lendemain, & établit fucceffivement fon Quartier-Général dans ces trois Villes, le 26. le 27. & le 28.

Le Prince d'Yfembourg commanda le fecond Corps, & prit la même route; mais le troifiéme, aux ordres du Prince de Holftein-Gottorp & que ce Prince avoit ramené du Duché de Weftphalie fur Fritzlar, fe porta alors fur Marbourg.

L'Evêque & Prince de Fulde fortit le 26. de fa Capitale, pour n'être pas le trifte témoin des rigueurs éxercées contre fes fujets, & afin de mettre fa perfonne à couvert des infultes auxquelles elle auroit été expofée; il fe rendit à fon Abbaye de Johannes-Berg fur le Rhin, pour y attendre le retour de la paix. Le Prince Héréditaire de Brunfwick y entra le 27. le Prince fon Oncle y arriva le 29. & le 30. l'illuftre Neveu le quitta pour aller rejoindre fes Troupes.

Elles

Elles furent féparées en deux Corps, dont le premier fe porta fous fes ordres, fur Geiſ-feld, Biſchoffsheim, Melrichſtadt, & s'avança jufqu'à Neuſtadt fur la Saala & à Königshof-fen. On brula à Melrichſtadt une quarantai-ne de maiſons, parcequ'on y trouva des Pay-ſans armés, qui firent feu fur les Heſſois.

Le fecond Corps étoit commandé par le Prince d'Yſembourg. Il déboucha les mon-tagnes de Fulde par Fladungen & Katten, Northeim, & Meinungen, où les Autrichiens avoient un Magaſin très-abondant, & qui fut détruit.

Les Généraux Arberg, Schallemberg & Kolb furpris & repouſſés par-tout, fe réuni-rent pour fe porter en force fur Meinungen, qu'ils trouvèrent occupé par les Heſſois, ils y étoient entrés dès le 1. Avril. Ils furent contraints de fe replier fur Saltzungen & Smalcalde. On les regardoit comme entière-ment coupés de leur Armée; mais ils s'en rapprochèrent par Suhla, Schleuſſingen & Eisfeld.

Les Heſſois bornèrent à ces petits exploits, leur expédition dans la Franconie. Le Prince Ferdinand, ſatisfait d'avoir éloigné les Impé-riaux de la Werra, de la Fulde & de Smal-calde, rappella ſes Troupes pour les employer à une expédition d'une tout autre conſé-quence.

La

La rapidité, le secret & les combinaisons de cette marche firent un honneur infini au Général qui l'avoit projettée avec tant de justesse, éxécutée avec tant de bonheur, & si bien concertée avec le Prince Henri, que le même jour que les trois Princes partirent de Cassel, pour enlever aux Impériaux Hirschfeldt & Fulde, les Pruffiens firent par deux endroits leur irruption dans la Franconie. D'un côté, ils débouchèrent de Jena, sur Schartz & Saalfeldt, par Kala, Orlamunde, Rudelstadt & Neustadt sur l'Orla.

La Garnison de Saalfeldt n'avoit eû que le temps de passer la Saala à la nâge ; elle étoit composée de 4. ou 5. Bataillons d'Infanterie ; & environ 600. Cavaliers de différens Régimens cantonnoient dans les environs. Elle tint ferme sur les hauteurs voisines de Saalfeldt & Rudelstadt, & essuya une canonnade qui lui couta cher ; mais à la fin, elle fut obligée de se retirer à Graffenthal, à Judenbach, & à Ludewigstadt pour y recevoir du renfort.

D'un autre côté, les Pruffiens fondirent inopinément par Plawen, sur les Impériaux, qu'ils délogèrent de Hoff ; on crut qu'ils en vouloient au riche Magazin de Culmbach ; mais le 30. Mars ils reprirent le chemin de la Saxe par Gera & Zuickaw. Cette expédition fut courte, mais vive. Plusieurs Corps de

de l'Armée des Cercles furent enlevés ou dif-
persés. Cette Armée perdit des Magafins
plus confidérables par le nombre, que par
la quantité de fubfiftances qui y étoient. Elle
fut dérangée dans fes difpofitions pour l'ouverture de la Campagne. La promptitude
du départ des Pruffiens eft un myftère que
les Politiques & les meilleurs guerriers ont
cherché envain de pénétrer. Il eft certain
qu'ils pouvoient pouffer plus loin leurs avantages, & en profiter mieux. S'il eft permis
de hazarder des conjectures, j'avouerai que
je penfe que le Prince Henri eft très-aife
d'obliger le Prince Ferdinand, pourvû que ces
fervices ne l'engagent pas à éloigner trop
fes Troupes de la Saxe: le plus précieux objet de fa follicitude.

Le Prince Ferdinand pendant fon féjour
à Fulde, chercha à s'affurer des habitans de
ce Pays en les défarmant. Il fit publier le
30. Mars fous le nom du Prince d'Yfembourg,
une ordonnance de porter toutes les Armes
à l'Hôtel de Ville, dans deux fois 24. heures, fous les peines les plus févères. On
exigea de tout l'Evêché, les contributions les
plus rigoureufes; & tandis que les Heffois en
éloignoient les Impériaux, le Prince de Holftein faifoit attaquer par fes Troupes légères,
les poftes les plus avancés des François du
côté de Marbourg.

Le

Le 28. Mars, le Duc de Broglie envoya ordre au Baron du Blaizel, de se porter avec les Troupes légères qu'il commandoit, entre cette Ville & Cassel. Ce Baron rassembla le lendemain tout son Détachement à Laspe, & le 30. il prit la route de la Hesse, par Bidencap, Battenberg, Frankenberg & Fritzlar. Ce mouvement avoit pour objet d'observer ceux des Ennemis, dans le temps qu'ils se portoient sur la Fulde, de leur donner de l'inquiétude pour Cassel dégarni, & d'occasionner une diversion. Dans cette vûe, il annonçoit, suivant les instructions du Duc de Broglie, qu'il n'étoit que l'Avant-Garde de la Réserve du Marquis d'Armentières; & il faisoit assembler par-tout où il passoit, des vivres & des fourages pour un Corps de 25000.

L'arrivée des Impériaux sur la Fulde avoit obligé les Hanovriens d'abandonner plusieurs de leurs postes, avec tant de précipitation, qu'ils laissèrent entr'autres à Fritzlar, un Magazin de 20000. Rations de Fourage. Ils se rassemblèrent à Ziegenhain, au nombre de près de 3000. & ils retournèrent en force à Fritzlar, poste d'une grande conséquence pour couvrir Cassel, où il jettèrent deux Régimens, & où la marche de M. du Blaizel commençoit à répandre la consternation. Ce Baron qui avoit pris une position très-avan-

avantageuse à Kirckaim, jugea qu'ils avoient envie de l'en éloigner, pour le couper d'avec Marbourg. Il marcha à eux, & les attaqua le 8. Avril à Neustadt & à Treysa. Cette derniere attaque fut très-vigoureuse, l'Infanterie n'y eut aucune part. Elle étoit placée dans un bois pour favoriser la retraite de la Cavallerie, que M. du Blaizel conduisoit à Treysa où on se battit pendant deux heures. Les Hanovriens furent poussés jusques dans cette Ville, d'où environ mille chevaux sortirent pour se ranger en avant, & suivis d'une Troupe d'Infanterie. Ce renfort obligea M. du Blaizel de se replier sur la sienne. Les Hanovriens le suivirent: il les fit charger avant d'entrer dans le bois, & se retira tranquillement dans un village à une lieue de l'Ennemi, qui, inquiet sur les desseins de ce Corps, abandonna en même temps Neustadt, Treysa & même Ziegenhain, où il rentra néanmoins dès quil eût appris que M. du Blaizel étoit retourné à Franckenberg avec son Corps.

Tandis que le Duc de Broglie se mettoit en état de rassembler promptement son Armée, il donna les ordres les plus précis aux Troupes légères vers la Fulda d'éclairer les mouvemens des Ennemis, qui attaquèrent successivement plusieurs autres postes. Celles qui étoient à Lauterbach, Herstein, Ulrichstein,

richſtein , Birſtein , Gedern , Weſterbach, Gelnhauſen , & ſur les ailes de cette ligne, eurent ordre de ſe retirer , entre cette Ville & Hanau , ſi les Ennemis venoient ſur elles en trop grand nombre.

Les Volontaires d'Alſace ſe retirèrent de Freyen-Steynaw à Gedern , aux approches d'un Ennemi ſupérieur. Leur Colonel perſuadé qu'une retraite faite trop vîte , reſſemble trop à une fuite pour ne pas imprimer quelque tache , fit faire la leur lentement & en très-bon ordre. Il conduiſit lui-même à pied , ſon Arriere-Garde , qui fut entamée & ſouſrit quelque perte. Elle aima mieux l'eſſuyer , que d'eſſuyer la honte de ſe replier avec trop de précipitation.

MEMOIRES
POLITIQUES & MILITAIRES
POUR SERVIR à
L'HISTOIRE
DE NOTRE TEMS.

No. (IV.)
SUITES DES OPÉRATIONS DES ARMÉES FRANÇOISES EN ALLEMAGNE EN 1759.

Le 8. Avril le Duc de Holstein - Gottorp fit attaquer par une Troupe considérable de Dragons & de ses Chasseurs, commandés par le Baron de Bulow, le Château d'Ulrichstein, situé sur une hauteur à la source de la petite rivière de Horn. Ce poste étoit gardé par 130. Fantassins du Corps de Fischer, & par 35. Houssards aux ordres du Baron de Ried & du Chevalier de Clausen. Cette petite Garnison se défendit avec la plus courageuse opiniâtreté ; après qu'elle eût épuisé sa poudre, elle eut recours aux pierres ; & elle tua entre autres à l'Ennemi deux Capitaines & deux Lieutenans. Le Prince de Holstein, à qui le temps étoit trop précieux pour le perdre à forcer une aussi petite

 Troupe

Troupe dans un Poste propre à soûtenir une longue attaque, jugea à-propos de la faire sommer de se rendre, & lui accorda une Capitulation. Elle obtint les honneurs de la guerre, à condition de ne pas servir d'un an contre le Roi d'Angleterre. Lorsque le Prince de Holstein & le Prince d'Anhalt la virent défiler, ils embrassèrent les Officiers, qui la commandoient : tant il est vrai, que la valeur est toûjours respectée par l'Ennemi même ; & il est bien douteux, si la coutume introduite par la Politique moderne de faire toutes les Garnisons Prisonnières de Guerre, malgré leurs belles défenses, profite plus à un parti qu'elle ne lui nuit. Si elle sert quelquefois à faciliter les progrès d'une Armée ; du moins est-il décidé qu'elle contribue infiniment à diminuer l'émulation ; & que cette Armée victorieuse dans un temps, se prive d'une ressource dont elle peut avoir besoin elle-même, quand après un échec considérable, la vigoureuse défense d'une place peut lui donner & le temps de la secourir, & celui de se remettre elle-même.

Cependant le Marquis d'Auvet, qui étoit posté à Achenbourg avec le Régiment de la Marck, & quelques Régimens de Cavallerie, eut ordre de se rapprocher de l'Armée ; il se
mit

mit en marche le 4. Avril, se rapprocha de Marbourg, & se posta à Herborn.

Le Marquis d'Armentières s'empressa, dans la conjoncture critique, où le Duc de Broglie se trouvoit alors, de lui envoyer un renfort considérable. Le 30. Mars M. de Torcy Lieutenant-Général, en reçut l'ordre de faire tenir une partie de la Garnison de Cologne, prête à partir au premier Commandement : ce qui fut éxécuté. L'ordre de partir arriva le 6. Avril à 2. heures du matin, & peu d'heures après 450. hommes de chaque Bataillon du Régiment de Champagne, & autant de celui de Navarre, passèrent le Rhin & se portèrent sur la Sieg. Le même jour il partit de Dusseldorp, un pareil détachement du Régiment de Belzunce & de celui de Bouillon, & 400. Dragons du Régiment de Caraman. Ces détachemens ne furent composés que de gens d'élite : les recrues furent laissées en arrière pour les exercer encore mieux. Le Vicomte de Belzunce, à qui la Victoire d'Hastenbecke & la Bataille de Creveld ont été si glorieuses & si funestes, le brave Marquis de Caraman, Brigadiers, conduisirent leurs Corps respectifs, & le Comte de Lutzelbourg, Maréchal de Camp, commanda tout le Détachement, jusqu'à l'arrivée du Comte de Saint-Germain, Lieutenant-Général. Ces

 Trou-

Troupes reçurent ſur leur route, ordre de cantonner le long de la Lahne.

Les Régimens, qui étoient dans Francfort, évacuèrent ſucceſſivement cette Ville, d'autres paſsèrent ſous ſes murs, & ſe portèrent ſur Hamm, ou ſur Friedberg; & les meſures étoient priſes avec tant de juſteſſe, que tout étoit prêt à ſe rendre en peu de temps, au premier avis, ſur le Champ de Bataille, qui lui ſeroit aſſigné.

„ Enfin le 10. Avril le Duc de Broglie „ fut informé, que le Prince Ferdinand s'é- „ toit mis le 9. en marche de Fulde avec „ toute ſon Armée, ſur pluſieurs Colomnes.

„ Le 11. au matin, il apprit, que le „ Comte d'Eſparbés, Colonel du Régiment „ de Piémont, avoit été obligé de ſe reti- „ rer de Birſtein. Il fit partir ſur le champ „ le Marquis de Caſtries, Lieutenant-Géné- „ ral, avec un Regiment pour ſe rendre à „ Gelnhauſen, & pour ſoûtenir ce poſte, „ ſur lequel M. d'Eſparbés ſe retiroit. Il „ étoit le débouché de la Vallée de Kintz. "

Les rapports de toutes les Troupes légè-res ne lui laiſſoient aucun lieu de douter, que l'Ennemi ne marchât ſur ſon Armée. Comme les ordres étoient préparés d'avance pour pouvoir la raſſembler, il les fit partir ſur le champ, & indiqua le rendez-vous gé-néral dans la plaine entre Wilbel & Bergen.
Le

Le Corps des Saxons, qui sur la fin de la Campagne précédente avoit été séparé de l'Armée de Contades, & renvoyé à celle de Soubise, quitta les quartiers, où il avoit été distribué sur les bords de la Dill, & de la Lahne, & arriva à Vilbel sous la conduite du Lieutenant-Général Dyhern.

Le Duc de Broglie voulant profiter des lumières & de l'expérience du Comte de Saint-Germain, lui écrivit pour le prier de venir en poste, de faire arriver sa première division, le plûtot qu'il lui seroit possible, & de diriger la seconde sur Cassel, vis-à-vis Mayence.

Il donna ordre en même temps au Corps de Fischer de se rassembler à Friedberg, pour y conserver un Magasin de Fourage de 50000. rations, aussi long-temps, qu'il seroit possible, & de ne s'en retirer, qu'après l'avoir brulé entièrement, pour empêcher l'ennemi d'en profiter; & au Baron du Blaizel, qui avoit pénétré jusqu'à Franckenberg, Gilserberg, & à Gemund sur la Verra, où il avoit mis 2. Bailliages sous Contribution, à peu de lieues de Cassel, de se rapprocher de Marbourg.

Le même Général fit placer du Canon sur les remparts de Francfort, & construire un Pont sous le glacis, pour protéger &

D 3

pour

pour faciliter sa retraite, en cas qu'il eût été obligé de la faire ; & n'oublia aucune des précautions, qu'un Général doit prendre, pour s'assûrer de la victoire, ou de la retraite.

Enfin le Prince Ferdinand, qui se flattoit de surprendre le Duc de Broglie, & qui a prétendu justifier depuis sa téméraire attaque, en avançant, qu'il ne croyoit pas l'Armée du Duc de plus de 15000. hommes, se porta en deux marches forcées de Fulde à Gelnhausen & à Buddingen, où il arriva le 11. Avril, le 12. il porta son Armée à Windecken, où elle campa au Bivac.

Celle de France ne fut rassemblée que le soir & la nuit du même jour, entre Vilbel & Bergen ; quoique le Duc de Broglie s'y fut rendu dès le plus grand matin. Pour couvrir ce dernier village, il plaça dans les vergers, les Régimens de Royal-Suedois, Royal-Deux-Ponts, Waldner & Planta, commandés par le Baron de Clauzen & par M. Paravicini, Brigadiers chargés de la défense.

Dès la pointe du jour de 13. le Duc de Broglie monta à cheval, & disposa son armée à recevoir l'Ennemi.

„ Le Poste de Bergen, qu'il avoit re-
„ connu depuis longtemps, & qu'il avoit
„ mandé à la Cour être excellent, est d'une
„ petite étendue, mais d'une très-bonne dé-
„ fense.

„ fenfe. La droite appuie au village de
„ Bergen, placé fur le bord du rideau,
„ qui continue depuis-là jufqu'à Francfort.
„ Le rideau eft très-efcarpé proche de Ber-
„ gen; & ce village eft entouré de ver-
„ gers fermés d'une haie vive, avec beau-
„ coup d'arbres fruitiers en avant, dont on
„ forma un abbatis. A la gauche, eft un
„ bois, dans lequel fe trouve auffi un efcar-
„ pement très-roide, qui tourne jufques vis-
„ à-vis Wilbel, & qui fe termine à la Nidda.

„ De la droite au centre, le chemin
„ monte infenfiblement jufqu'à une ancienne
„ Tour, qui eft le point le plus élevé du
„ Pays, & il redefcend de même jufqu'à la
„ gauche. L'entredeux du village au bois eft
„ une plaine très-rafe, coupée tranfverfale-
„ ment par un ravin. Cette pofition obli-
„ geoit néceffairement les Ennemis à atta-
„ quer une des deux Ailes, & même toutes
„ les deux à la fois, avant de pouvoir mar-
„ cher à la Tour, & fe mettre dans le ren-
„ trant.“ Le choix du Champ de Bataille
étoit d'autant plus heureux, que non feule-
ment le ravin protégeoit le centre, mais encore que le terrain dominoit le débouché du
rideau, fous lequel les Hanovriens fe formèrent; & que ce n'étoit que par ce débouché,
qu'on pouvoit attaquer la droite. Si le ter-

D 4

rain

rain étoit heureux, la difposition des Troupes n'étoit pas moins fage.

„ Le Duc de Broglie avoit placé fon In-
„ fanterie fur les deux Ailes. Les huit Ba-
„ taillons poftés autour du village de Bergen,
„ formoient la droite ; derrière ce village,
„ il mit en colomnes Piémont, Royal-Rouf-
„ fillon, & Alface, pour foûtenir ces deux
„ Régimens en cas de befoin. Derrière ce
„ dernier Régiment étoient ceux de Caftella
„ & de Diesbach, formés en colomnes, ainfi
„ que les Régimens de Rohan & de Beau-
„ voifis, pour être en état de marcher au
„ village, lorfqu'il feroit néceffaire.

„ A la gauche furent placés les Saxons,
„ & derrière eux en réferve, les Régimens de
„ Dauphin, Enghien, Royal-Bavière, Naffau-
„ Ufinghen, Bentheim, Berg & Saint-Ger-
„ main, formant trois Brigades.

„ La Cavalerie fut formée fur trois lignes,
„ dont la première étoit derrière la Tour,
„ dont il a été parlé.

„ Les Régimens de Dragons furent placés
„ en réferve, deux derrière les lignes de Ca-
„ vallerie, & celui d'Apchon, derrière la
„ gauche des Saxons. Les Corps de Volon-
„ taires furent poftés dans le bois de la gau-
„ che, & en avant des deux Ailes.

„ L'Artillerie fut difpofée par le Cheva-
„ lier de Pelletier fur le front de la ligne,

„ dans

„ dans les endroits le plus avantageux ; & il
„ forma deux dépôts de munitions derrière
„ la droite & la gauche de l'Infanterie, afin
„ qu'on n'en manquât pas au befoin.

„ Ce Général affembla à la Tour de Ber-
„ gen, dont il avoit fait le centre de fon
„ Armée, Meffieurs de Beaupreau, Prince Ca-
„ mille de Lorraine, & de Caftries, Lieute-
„ nants - Généraux, & les Maréchaux de
„ Camp, qui fe trouvèrent à portée de lui.
„ Il leur expliqua fa pofition, fes difpofitions,
„ & les avantages, qu'il efpéroit d'en retirer.
„ Il leur fit fentir la néceffité de défendre
„ jufqu'à l'extrémité, la droite & la gauche ;
„ & les prévint qu'en cas que contre toute
„ attente, une des deux Ailes fût forcée, la
„ Cavallerie devoit alors défendre la plaine
„ du centre, tâcher par des charges vigou-
„ reufes de rétablir le combat ; & en cas
„ qu'on fût obligé à la retraite, faire la fienne
„ par la plaine, paffant par fes intervalles,
„ pendant que l'Infanterie de la droite fe
„ retireroit par l'efcarpement qui étoit der-
„ rière elle, jufqu'au Landwer de Francfort,
„ & celle de la gauche le long de la Nidda,
„ derrière le même Landwer. La Cavallerie
„ devoit auffi le paffer à des communications
„ préparées auprès de la Tour de Friedberg.
„ Elle avoit ordre de foutenir l'Infanterie
„ dans cette retraite ; l'Infanterie réciproque-

D 5

„ ment

„ ment de protéger celle de la Cavallerie.
„ On devoit rétablir le combat derrière le
„ Landwer, & tâcher au moins de gagner la
„ nuit. Enfin, si on étoit obligé de repasser
„ le Meyn, on avoit préparé du Canon sur
„ les remparts de Francfort, pour protéger
„ la rentrée des Troupes; & on avoit jetté
„ un pont sur le Glacis du côté de Bergen
„ pour accélérer le passage.

„ M. de Beaupreau choisit le comman-
„ dement de la Cavallerie; le Marquis de Ca-
„ stries qui en est Général y resta aussi atta-
„ ché. Le Prince Camille se chargea de la
„ défense du village, & du commandement
„ de l'Infanterie destinée pour le soûtenir;
„ ayant sous lui le Comte d'Orlick & le Mar-
„ quis de Saint-Chamans, pour Maréchaux
„ de Camp. "

L'Armée Hanovrienne malgré la fatigue
de ses marches forcées, quitta Windecken
long-temps avant le jour; & le Prince Ferdinand fit ses dispositions, derrière un rideau qui la déroboit aux yeux des François.
Elle fut rangée sur trois lignes d'Infanterie;
& la Cavalerie étoit derrière sur deux lignes.
Les Chasseurs & les Troupes légères étoient
sur les deux flancs.

Le centre étoit formé pour la plus grande
partie, des Régimens d'Hanovre, & de
Brunswick, aux ordres du Prince Héréditaire:

la

la droite l'étoit des Régimens Prussiens & Anglois, aux Ordres du Prince de Holstein-Gottorp, ayant sous lui le Prince d'Anhalt-Bernbourg ; & la gauche l'étoit des Hessois, aux ordres du Prince d'Ysembourg, ayant sous lui le Général de Gilse. C'est la seule Aile qui ait attaqué, & qui par conséquent souffrit le plus.

Dès les huit heures du matin, le Prince Ferdinand fit attaquer en même temps, par ses Chasseurs & ses Troupes légères, les Postes avancés de la Droite de l'Armée Françoise, & les Volontaires dont on avoit farci, sur la gauche, les bois de Wilbel : les Hanovriens furent repoussés par-tout.

Entre neuf & dix, toute leur Armée se présenta fièrement sur le rideau, en front de bandière. La Droite vint sur trois colomnes attaquer le village de Bergen. Le Duc de Broglie, voyant que les Ennemis y portoient beaucoup de forces, chargea le Chevalier Pelletier, de diriger sur la tête du village, par où les Ennemis arrivoient, la plus grande partie de l'Artillerie du Parc. Cette Artillerie les prit en flanc, lorsqu'ils descendoient le rideau, & qu'ils tentoient de franchir le terrain, qui le sépare du village. Elle joua avec le plus grand succès.

En même temps ce Général fit entrer par la rue du village, les Régimens de Piémont

mont & de Royal-Rouſſillon, tandis que ceux d'Alſace, de Caſtella & de Diesbach ſe por-toient ſur le flanc droit. Ces Troupes arrê-tèrent la fouge de l'Ennemi, & le firent plier. Celui-ci ſans perdre courage, revient ſur le champ à l'attaque, avec de plus grandes for-ces; & ſait reculer les corps qui venoient de le faire reculer lui-même. Cette ſeconde at-taque fut auſſi vive que meurtrière pour les deux Partis.

Alors le Duc lui-même qui voyoit le com-bat s'échauffer, & qui en craignoit les ſuites, le village n'étant défendu que par un abbatis d'arbres fruitiers, ſans retranchemens, ni foſ-ſés, mena lui-même le Régiment de Rohan le long des vergers, fit entrer celui de Beau-voiſis par la rue du village, & ordonna qu'ils fuſſent ſoutenus par ceux de Dauphin & d'Enghien. Ces Troupes réünies fondirent ſur l'Ennemi avec tant de courage, qu'elles les chaſsèrent, & le mirent en déſordre. La valeur en emporta quelques - unes trop loin; le Duc de Broglie leur envoya des ordres réitérés de s'arrêter & de regagner le vil-lage. La Cavallerie ennemie venoit ſur el-les, & étoit ſur le point de les couper. M. de Broglie fut obligé de faire avancer dix Eſcadrons pour les dégager, & faciliter leur retraite ; mais avant que ce ſecours leur fût arrivé, elles furent obligées de la faire. Ro-han

han & Beauvoisis furent joints par deux Escadrons de Cavallerie Angloise, qui en sabra,
ou prit environ deux-cens hommes & quelques Officiers.   La bouillante valeur de ces
Troupes, & la nécessité de les degager, in-
quiéta le Général, & balança pendant quelques momens, le succès de cette Journée.

L'Armée Alliée se replia alors toute entiere
derrière le rideau qui l'avoit couverte le matin. Le Prince Ferdinand convaincu de la
difficulté de forcer un village si vaillamment
défendu, fit cesser presqu'entiérement le feu
de son Artillerie, & fit une nouvelle disposition de son Armée.   Il plaça toute cette
Artillerie & toute son Infanterie sur les deux
Ailes; toute sa Cavallerie fut portée au centre.
Dans cet ordre, la gauche des Alliés s'avança
pour la troisième fois sur le village de Bergen, & toute sa droite se porta sur la pointe
du bois de Wilbel, où étoient postés les Volontaires d'Alsace, & derrière lequel étoient
les Saxons.   Ils établirent leur Artillerie, de
manière à battre en même temps ces deux
points.   Le feu recommença, & ne cessa
qu'à la nuit.

La quantité de Bombes & de matières com-
bustiles que le Prince Ferdinand faisoit jetter sur le village, donna lieu de présumer
qu'il vouloit y faire mettre le feu. Le Duc
de Broglie en fut d'autant moins en peine,

que

que son premier dessein avoit été d'y laisser entrer l'Ennemi, & de l'y foudroyer après qu'il s'en seroit emparé. Le peu de monde qu'il avoit, lui fit changer de pensée; & le détermina à en défendre les dehors & les approches. L'Incendie ne pouvoit nuire qu'aux habitans, & non aux Troupes.

Le Duc de Broglie s'attendoit, que les Alliés attaqueroient en même temps ses deux Ailes; & que s'ils réussissoient, de l'un ou de l'autre côté, ils feroient avancer leur Cavalerie pour combatre la sienne.

La position qu'il avoit choisi étoit très-resserrée, sa droite & sa gauche ne pouvoient être mieux appuyées; ainsi le changement fait dans l'ordre de Bataille de l'Armée ennemie le dispensoit d'en faire aucun considérable dans la sienne. Il se contenta de mettre en réserve auprès de la Tour du centre, où il étoit revenu après l'attaque du village, & d'où il voyoit tous les mouvemens des Ennemis, les Régimens de Bentheim, de Bergh, de Saint-Germain, de Royal-Baviere, & de Nassau-Usinghen, qu'il tira de derrière la gauche, afin de pouvoir les y renvoyer, ou les porter sur la droite, suivant le besoin. Tout se passa en canonnades extrêmement vives; elles firent beaucoup souffrir les Brigades qui étoient à la tête du village. Les Ennemis tirèrent avec de grosses piéces, à cartouche

touche & à une portée qu'on croyoit impossible, mais qui étoit pourtant très-meur-
trière.

Celle de France fut aussi utile que bien
servie, par les soins du Chevalier Pelletier,
qui dirigea le feu de ses batteries, avec toute l'intelligence possible. Ce feu fut si vif
& si bien soûtenu, qu'il emporta beaucoup
de monde à l'Ennemi, tant sur son front
que sur ses deux Ailes, le rebuta de ses
attaques précédentes, & le détermina à la
retraite. Il laissa pourtant quelque Artillerie
sur la crête du rideau; il ne cessa de tirer
jusqu'à la nuit sur la tête du village. Ce
feu au quel les batteries Françoises répon-
doient sur le même ton, fut d'autant plus
funéste aux deux partis, qu'il empêcha de
donner aux blessés, dont le terrain entre le
rideau & Bergen étoit couvert, un secours
assez prompt. Les Chasseurs Hanovriens se
fusillèrent constamment avec les Volontaires
qui défendoient les bois de la gauche. Leur
feu devint plus vif sur le soir; ils feigni-
rent de recommencer une quatrième attaque,
en portant sur le village beaucoup plus d'Infanterie. Mais le combat finit avec le jour.
Ils reprirent le chemin de Windecken, abandonnant 7. Pieces d'Artillerie, pour ne point,
en les enlevant, faire soupçonner leur retraite.

Tou-

Toutes les Patrouilles que le Duc de Broglie envoya en avant pendant la nuit, l'assurèrent que le Prince Ferdinand se retiroit mais en bon ordre, & en effet son Armée campa entre Windecken & Rosdorff.

Les Alliés perdirent le Prince d'Ysembourg qu'un boulet emporta peu de momens après qu'il eût changé de cheval, & que le premier qu'il montoit eût été dangereusement blessé. Ce Prince étoit aimé de ses Sujets, estimé des Troupes, mais il fut toûjours malheureux. Le Général de Gilse qui commandoit l'Aile gauche sous ce Prince & qui conduisit la première attaque de Bergen, fut blessé dès le commencement de l'action. Le Colonel de Mey, des Troupes de Brunswick, fut tué sur le Champ de Bataille ; & le Colonel de Linstrow, des Troupes d'Hanovre, mourut à Francfort des blessures qu'il y avoit reçues.

Le Corps des Hessois fut le plus maltraité ; il eut plus de mille Soldats & 59. Officiers tués ou blessés. Le Général l'a avoué en écrivant au Landgrave de Hesse; la perte de toute l'Armée Alliée a monté à 2907. hommes.

MEMOIRES
POLITIQUES & MILITAIRES
POUR SERVIR à
L'HISTOIRE
DE NOTRE TEMS.

No. (V.)

SUITE DES OPÉRATIONS DES ARMÉES FRANÇOISES EN ALLEMAGNE EN 1759.

Du côté des François, le Baron de Dyhern, L. G. qui commandoit les Saxons, & le Baron de Wurmser, Brigadier, furent blessés. Le premier est mort depuis de ses blessures. Il fut presque le seul Officier de la gauche que la canon ait touché : cette Aile étoit couverte d'un bois ; & c'est bien malgré les Corps qui y étoient, qu'ils n'eurent rien à faire. M. Chabrier, Brigadier, M. Lami, Commissaire du Parc, & M Demaras, excellens Officiers d'Artillerie, restèrent morts sur le Champ de Bataille ; trois autres Officiers du même Corps furent blessés, mais il perdit beaucoup de Canoniers. La perte que l'Armée françoise fit dans cette journée monte

(E)

tout

tout au plus à 17. ou 18. cens hommes tués ou blessés.

Les Hanovriens faisoient suivre plusieurs centaines de charettes, pour transporter ceux de leurs blessés qui pouvoient l'être. Ils en emmenèrent environ sept-cens, dont ils ont été obligés de laisser la plus grande partie sur leur route, & de les recommander par un trompette, à la générosité du Vainqueur. Le lendemain, les François en enlevèrent du Champ de Bataille, environ 200. avec les leurs; ils furent soignés avec la même attention que les François mêmes, & on rendit en même temps, aux morts, les devoirs de la sépulture : les Hanovriens avoient enterré la plûpart des leurs.

La gloire dont la valeur couronne des Nations guerrières, fut à-peu-près égale dans cette journée. Des Troupes épuisées par la fatigue & des marches forcées, qui vont jusqu'à quatre fois à la charge sous le feu le plus vif, qui soutiennent ce feu pendant toute une journée avec la plus grande intrépidité, ainsi que le firent les Alliés, sont sans contredit & sans les flatter, des Troupes vaillantes.

Le Prince Ferdinand soutint la réputation qu'il s'est acquise d'un grand Général, par l'activité avec laquelle il prévint la jonction du Corps, que le Comte de Saint-Germain menoit ménoit au secours du Duc de Broglie. Le Prince fit d'ailleurs une très-belle disposition; le sang-froid & la prudence avec laquelle il en fit une seconde, lorsqu'il vit l'inutilité de la première, lui font honneur; mais malheureusement pour sa gloire, son Armée avoit fait un trop long séjour dans l'Evêché de Fulde, il l'avoit poussée trop en avant dans la Franconie: si au-lieu de l'envoyer jusqu'à Meinungen, il l'avoit conduite cinq à six jours plûtôt à Francfort, le succès auroit été bien différent. Quoique le Duc de Broglie s'attendit, & se fût préparé depuis longtemps à être attaqué, il eût été impossible que ses ordres eussent été éxécutés, que ses préparatifs eussent été faits avec assez de diligence, pour le mettre en état de résister aux forces supérieures des Alliés. A. 3. heures de la veille de la Bataille, il se trouva à peine un seul Régiment au Rendez-vous, & il y en eut qui n'y arrivèrent que le jour même. Cette circonstance leur fait honneur, puisque sans faire halte, ils volèrent au combat.

M. de Broglie fit paroître dans cette journée tous les talens qui constituent le grand Général: le coup d'œil pour le choix du terrein & la disposition d'une Armée; la prévoyance pour parer à tout, quoi qu'il arrive; le courage, il mene lui-même les renforts

nécefnécessaires aux Troupes qui sont le plus en péril ; le sang-froid, il arrête l'impétuosité quand elle emporte la valeur trop loin; la présence d'esprit, il réforme ses dispositions sur le champ, quand l'Ennemi réforme les siennes ; le discernement, il demêle les piéges de l'Ennemi, & ses repliemens simulés, pour attirer les Troupes Françoises hors de leurs postes, & en profiter, il les demêle, dis-je, de sa véritable retraite.

Les autres Généraux, dans les deux Armées, ainsi que leurs Officiers de l'Etat major, s'aquittèrent de toutes les parties du service, avec le plus grand zèle.

Le Prince Camille, que le Duc de Broglie avoit prié de se charger de la défense du village, s'y porta avec son courage ordinaire, & se conduisit avec toute l'intelligence possible. Messieurs d'Orlick & de Saint-Chamant, Maréchaux de Camp, qui étoient sous lui, le secondèrent très-bien, ainsi que Messieurs de Clausen & Paravicini, qui avoient été placés dans le village de Bergen. On ne peut parler, ni écrire avec de trop grands éloges, du Prince de Rohan, à qui la bravoure qu'il fit paroître dans cette journée, a procuré le grade de Maréchal de Camp ; du Comte d'Esparbés, du Chevalier de Montaset, du Comte de Diesbach, de M. Dubouf-

Dubousquet Brigadiers ; des Marquis de Bou-
flers & d'Hauslonville, & du Comte de
Sparre, Colonels.

M. de Broglie a rendu au Comte de
Chaulieu, au Vicomte de Greaume, & au
Chevalier de Cluny, la justice d'avouer *qu'il
n'est pas possible d'être plus utiles à un Général*, que ces Messieurs le furent par leur
travail & par leur activité.

On a voulu former des doutes sur la
grande disproportion qu'il y avoit entre la
force des deux Armées ; on a diminué le
nombre des Corps qui composoient celle du
Prince Ferdinand, on a grossi le nombre de
ceux qui étoient à l'Armée du Duc. Le fait
avoit été décidé d'avance par un état de
l'Armée des Alliés envoyé d'Hanovre. En
voici l'extrait ;

*L'Armée du Prince Ferdinand est com-
posée de toute la Cavalerie & Infanterie
Hessoise, de tous les Bataillons de Brunswick, de 10. Escadrons de Dragons Prussiens, & de 4000. hommes de pied de la
même Nation, de 6. Escadrons Hanovriens
d'Achenhausen & de Hammerstein, des Bataillons de Ferfen, de Linstrow, de Wre-
den, de Maréchal, de Post, de Hardenberg, de Block ; de la plus grande Partie
des Chasseurs & des Volontaires. Depuis,
le Baron d'Imhoff lui conduisit le Régiment*

                        de

de Saxe-Gotha, qu'il tira de Lippſtadt. Il avoit encore trois Régimens de Cavalerie Angloiſe & un d'Infantèrie. Le Régiment de la Lippe-Buckebourg n'y eſt pas encore compris, quoi qu'il fût à la Bataille. Le Corps d'Hanovriens qui étoit à Halteren ne montoit pas à 12. mille hommes. On n'avoit laiſſé à Lippſtadt, qu'un Régiment de Troupes réglées; les autres Villes n'étoient gardées que par des recrues, ou des Milices. Il n'y avoit abſolument que les nouveaux 9. Bataillons de Milices & d'Invalides dans l'Electorat d'Hanovre: preſque tout étoit avec le Prince Ferdinand. Or vingt-mille Heſſois, quinze mille Hanovriens au moins en Cavalerie, Infanterie, Chaſſeurs & Volontaires; ſept-mille Pruſſiens, trois mille Anglois, font une Armée de 45. mille hommes, ſans y comprendre les Troupes de Brunſwick, de Saxe-Gotha & de la Lippe-Buckebourg. Par conſéquent l'ordre de Bataille intercepté quelques jours après, & dans lequel le Prince Ferdinand ne fait monter ſon Armée qu'à 33. mille homme eſt un peu flatté.

D'un autre côté, M. de Broglie n'avoit que neuf Bataillons de Saxons, & trente-un autres Bataillons effectifs. 15. Bataillons étoient diſperſés à la garde de Marbourg, de Gieſſen, de Hanau; de Francfort, d'Oppenheim, & d'Aſchaffenbourg. Sa Cavalerie

avoit

avoit été diminuée de 7. Escadrons détachés à Speyer & ailleurs. Toutes les Troupes légeres étoient à Friedberg, ou sur le haut-Mayn; il ne lui en restoit que le petit corps des Volontaires d'Alsace. De sorte qu'en supposant son Armée forte sur le Champ de Bataille de 42. Bataillons, & de 25. Escadrons, ce qu'elle n'étoit pas, elle ne pouvoit monter, qu'aux environs de 25. mille hommes, c'est-à-dire, qu'elle étoit de 20. mille hommes plus foible que celle des Alliés.

Mais si on a chicané sur le nombre des Soldats, il n'est pas possible de chicaner sur les suites de la Victoire (*).

La Foire de Francfort, graces aux soins du Maréchal Prince de Soubise, & à ceux du Duc de Broglie, étoit aussi fréquentée, aussi riche & aussi brillante, qu'elle l'eût été de longtemps. Le 3. Février ce Prince avoit rendu une ordonnance, dans laquelle *il donna l'assûrance la plus formelle, que le séjour des Troupes du Roi dans cette Ville, n'y porteroit aucun trouble ni empêchement aux foires, qui s'y tiennent; & que les Marchands & Négocians éprouveroient, de quelque Nation & Religion qu'ils fussent, de*

E 4

sa

(*) Voyez le détail de cette Bataille dans les NOUVEAUX MEMOIRES DU TEMS, *Tome sixieme, ou le Point d'Appui d'un Allemand.* Où l'on a recueilli les Lettres & Piéces publiées touchant cette Victoire.

sa part & de celle des Troupes, qui étoient à ses ordres, toute la protection & les facilités, qu'ils pouvoient desirer.

Le Duc de Broglie renouvella cette ordonnance le 22. Mars. Ces hautes protections firent renaître la confiance; les conjonctures où la Ville de Francfort se trouva au Mois d'Avril, y avoient fait succéder les plus justes allarmes. Broglie vainquit, & ce n'est pas sans raison, que tant de Journaux Allemands l'ont appellé le Sauveur de l'Empire, quand il n'auroit sauvé qu'une partie de ses trésors, dont la foire de Francfort étoit le dépôt.

Le Plan des Alliés, ainsi qu'on l'a découvert par la même Lettre, étoit de surprendre les François, d'enlever leurs Quartiers, de leur faire repasser le Mayn & de les y poursuivre, de pénétrer dans la Franconie & dans les Provinces voisines, d'y transporter le Théâtre de la Guerre. Si les François n'avoient pas fait des prodiges de valeur, ainsi que le Prince le déclare lui-même, s'il n'eût pas trouvé *une résistance incroyable & une position inexpugnable à Bergen*; si les les moyens qu'il employa pour forcer ce poste, lui avoient réussi, ce Plan seroit déja éxécuté dans tous ses points. Depuis la victoire de Bergen, la Franconie & tous les Etats situés sur la rive gauche du Main fut couverts:

cette

cette rivière & le Rhin fut loin du danger, la Wetéravie fut libre, la Hesse mise à contribution, & toutes les messiances entre l'Empire & ses Alliés furent éteintes: la division régna dans les Armées ennemies, elles ne tinrent nulle part: quelle différence? Peut-on avoir eu la confiance de dire, peut-on avoir eu l'imbécillité de croire, que la Bataille de Bergen n'étoit qu'un *coup manqué*, *ne décidoit de rien, n'étoit qu'une affaire de Poste?*

Le Prince Ferdinand qui regardoit la victoire infaillible, la perd : le Duc de Broglie plus modeste, qui avoit fait ses dispositions comme s'il eût dû la perdie, la gagne: que d'Armées perdues par la présomption & la trop grande confiance des Généraux !

Le même soir le Duc de Broglie envoya des ordres à M. Fischer de tenir ferme à Friedberg, pour en garder le gros Magasin, qui y étoit ; & il fit aller en avant, dans la même fin, le Comte d'Apchon avec deux Régimens Dragons, pour soûtenir le Corps de Fischer.

Le lendemain 14. Avril, il fit marcher à moitié chemin de Vilbel à Friedberg, huit Escadrons & un Bataillon, pour soûtenir M. d'Apchon ; & M. du Blaizel qui étoit à Marbourg avec ses Troupes légères, en reçut de nouveaux ordres de se porter aussi à Friedberg, d'observer les Ennemis, &

E 5

de

de les fuivre dans leur retraite. Malgré les fatigues infinies que ce camp volant venoit d'eſſuyer, il partit fur le champ.

Le même jour, la Réſerve de M. de Saint - Germain arriva au Camp de Bergen, ayant à ſa têté ce Lieutenant - Général. Quel crevecœur pour les Régimens dont elle étoit compoſée, de n'avoir eû aucune part à la victoire de la veille? le Duc de Broglia tâcha de les en conſoler, en les aſſûrant, que quoique abſens, *ils lui avoient été très - utiles, puiſque leur marche avoit engagé le Prince Ferdinand à faire une attaque précipitée, pour empêcher leur jonction.* Ce Général fut reconnoître le même jour les Ennemis, & il s'aſſura par ſes propres yeux, de leur retraite. Elle fut accompagnée de tous les déſordres qu'une Armée fugitive & ſans vivres, a accoutumé de commettre; & la nuit du 15. au 16. une colonne de l'Armée Hanovrienne paſſa Budingen & Gelnhauſen, tandis que l'autre, où étoit le quartier du Prince Ferdinand, ſe retira à Grünberg, par une autre route.

Le Marquis d'Auvet continuoit de veiller à la ſûreté de la Wétéravie, avec le Corps qu'il avoit à ſes ordres. Il éclairoit toute la partie de Siegen; ſon point d'appui étoit à Achenbourg, il avoit des Détachemens de Cavallerie & d'Infanterie à Aldenkirchen, à

Her-

Herborn & à Hager, pour éclairer le Corps aux ordres du Baron Imhoff, parti de Lipstadt avec le Régiment de Saxe-Gotha, de la Cavallerie & du Canon, pour se porter vers Dillembourg.

Le Prince Ferdinand intéressé à ne pas laisser accréditer le bruit que son Armée étoit trop délabrée pour pouvoir rien entreprendre, chargea le Général Hardenberg de faire le siége de Marbourg. Ce Général arriva le 15. devant la place avec un Corps de 6000. hommes & l'Artillerie nécessaire. M. Duplessis qui y commandoit pour les François avec 1800. hommes seulement, ne pouvant défendre une Ville & des faubourgs ouverts, avec si peu de monde, se retira dans le Château. Le Général Hanovrien occupa la ville, & fit tirer sur la Citadelle, même avant d'en sommer le Commandant, à quoi celui-ci répondit promptement en faisant rendre le feu sur la ville.

Le Général Hanovrien lui écrivit sur le champ, „ qu'il le sommoit de rendre le „ Château, au Prince Ferdinand; que d'ail- „ leurs, attendu le peu de monde & d'Ar- „ tillerie qu'il avoit, il n'étoit pas en état „ de faire une longue défense; qu'il ne „ pouvoit d'ailleurs s'imaginer, qu'il éxécu- „ teroit la menace qu'il avoit faite de met- „ tre la Ville en feu; que cela seroit inouï „ d'une

„ d'une Nation & des Troupes du Roi très-
„ Chrêtien, & contre les régles de la guer-
„ re, dès qu'on ne forme aucune attaque
„ du côté de la Ville ; que dans le mo-
„ ment, on lui annonçoit, qu'il faisoit ti-
„ rer à boulets rouges, mais qu'il répon-
„ droit personnellement d'un fait aussi in-
„ usité. "

    M. Duplessis lui répondit, „ qu'il avoit
„ des ordres du Prince de Soubise, réite-
„ rés par le Duc de Broglie, de défendre
„ la place, & qu'il s'y conformeroit, pour
„ l'honneur & la gloire des armes du Roi ;
„ qu'il sçavoit qu'il est d'usage de ne póint
„ incendier une ville ; mais que ce cas ne
„ subsistoit qu'autant que les Troupes enne-
„ mies n'y avoient pris d'établissement, qu'en
„ vertu d'une convention faite avec le Com-
„ mandant de la Citadelle ; qu'il n'avoit
„ fait que répondre au premier feu tiré sur
„ le Château ; qu'il continueroit à moins
„ qu'on n'ordonnât la retraite des Troupes
„ introduites dans la Ville ; qu'on lui en
„ avoit imposé, lorsqu'on lui avoit dit qu'il
„ avoit fait tirer à boulets rouges ; qu'il
„ n'en étoit rien, mais qu'il mettroit en
„ usage, tous les moyens de défense pour
„ bien servir son Maître, & mériter l'esti-
„ me de M. Hardenberg ; qu'il ne connois-
„ soit aucune menace ; qu'il le prioit de
                      „ s'ab-

„ s'abſtenir d'inſérer dans ſes lettres, des
„ phraſes inſultantes pour les Troupes Fran-
„ çoiſes; & qu'il étoit déterminé à n'enten-
„ dre à aucune Capitulation ſans les ordres
„ exprès du Duc de Broglie. "

Le Général Hardenberg lui repliqua auſ-
ſitôt, „ qu'il étoit naturel que les Troupes
„ à ſes ordres euſſent remplacé les ſiennes,
„ dans une place dont celles-ci s'étoient reti-
„ rées; qu'elles n'avoient aucun ordre d'at-
„ taquer le Château du côté de la Ville;
„ qu'il eſpéroit qu'il en épargneroit les pau-
„ vres habitans; & que ſi on avoit tiré
„ contre ſes ordres, lui, M. Dupleſſis,
„ avoit bien voulu les y engager, en fai-
„ ſant tirer le premier. "

Le Commandant françois lui repartit le
lendemain 16. Avril, „ que les pauvres ha-
„ bitans de la Ville ſeroient épargnés, au-
„ tant que les Troupes Hanovriennes ne
„ commettroient aucun acte d'hoſtilité ſur
„ les fronts de la fortification, qui ſe trou-
„ vent enfermés par la Ville & par les fau-
„ bourgs; qu'il reſpectoit ſes Ennemis, &
„ ne les craignoit point; que quand un
„ homme qui commande des François, fait
„ tant que d'aſſûrer une choſe, elle n'étoit
„ point équivoque; que les Troupes Ha-
„ novriennes avoient tiré les premières, &
„ qu'il n'avoit fait que répondre; qu'il n'i-
„ gnoroit

„ gnoroit rien de ce qui se passoit dans la
„ Ville de Marbourg; que les habitans,
„ contre les loix de la guerre, avoient pris
„ les armes contre la Garnison Françoise;
„ qu'ils s'étoient mis par-là dans le cas des
„ plus sévères représailles; que lui, Géné-
„ ral Hardenberg, étoit le maître de lui
„ envoyer avant midi, un otage en grade,
„ pour la sûreté de la trêve qui devoit sub-
„ sister entre leurs Troupes, rélativement à
„ la Ville, & que l'otage françois partiroit
„ du Château, à la réception de l'otage Ha-
„ novrien. " Cette négociation n'eut point
d'autre suite, les otages ne furent pas envoyés, & le Général Hardenberg leva le
blocus le 18. Avril, pour se rendre à Ziegenhain, tandis que le Prince Ferdinand se
mit, avec son Armée, en marche de Nidda; vint camper à la vûe & à une lieue
de Friedberg, & dirigea le lendemain, sa
route par Shotten, Laubach, Grünberg,
Gromberg & Alsfeldt, où il arriva le 20.

Cette retraite ne se fit point, sans que
l'Armée des Alliés fût vivement poursuivie,
& extrêmement harrassée par les Troupes légères Françoises.

Le 18. le Baron du Blaizel partit de
Friedberg; il s'avança sur eux de grand matin. Leur camp étoit levé, leur Troupes
étoient en Bataille, ils se mirent en marche
dès

dès la pointe du jour, firent occuper les hauteurs par leur Arrière-Garde, & laissèrent devant eux des marais, & le gros ruisseau de l'Horloff, dont ils avoient rompu les ponts. M. du Blaizel se présenta à un passage de ce ruisseau, defendu par les Grenadiers Hessois & par des Chasseurs, qui avoient avec eux quelques piéces de canon. Ils firent, de leur Artillerie & de leur Mousqueterie, un très-grand feu sur les Troupes légères, ce qui ne les empêcha pas de passer le ruisseau.

M. du Blaizel jugeant cette manœuvre nécessaire se fit suivre par tous les piquets de Cavallerie & de Houssards.

M. Fischer le joignit avec son Corps. Le Baron du Blaizel en fit avancer l'Infanterie, qui chargea celle des Ennemis retranchée. Celle-ci abandonna son poste, retira son canon, & fit à peine un quart d'heure de défense. Dès-lors, les hauteurs furent abandonnées, & l'Armée ennemie précipita sa marche jusqu'à Hungue, où elle se fixa. On poursuivit son Arrière-Garde, on la mit souvent en désordre, & on fit ce jour-là une cinquantaine de prisonniers. M. de Clermont, Capitaine au Régiment des Volontaires Liégeois, fut tué d'un coup de canon. Deux Officiers de Turpin furent blessés. Il y eut soixante chevaux blessés, ou tués, sous

les

les Officiers & les Cavaliers qui les mon-
toient. Celui du Chevalier du Blaizel de la
Neuville, Neveu du Baron du Blaizel, reçut un coup de fusil au travers du Corps,
au passage de l'Horloff. Les Hanovriens
cantonnèrent ce jour-là, & pour pouvoir
subsister plus commodément, ils étendirent
beaucoup leurs quartiers.

Le 19. le Baron du Blaizel partit d'Echsel
où il avoit passsé la nuit, & se porta à
Hunge, avec tout son Détachement, & avec
le Corps de Fischer. Les Hanovriens en
étoient partis à cinq heures du matin. On
arrêta un Officier porteur des ordres du
Prince Ferdinand, addressés à tous les Commandans des Quartiers de son Armée, de
former trois divisions : la première aux ordres de ce Prince même à Grünberg, la seconde à Laubach, commandée par le Duc
de Holstein, & une troisième, où étoient
les équipages, l'Artillerie, & les Hôpitaux,
à Schotten.

No. VI.

MEMOIRES
POLITIQUES & MILITAIRES
POUR SERVIR à
L'HISTOIRE
DE NOTRE TEMS.

No. (VI.)

SUITE DES OPÉRATIONS DES ARMÉES FRANCOISES EN ALLEMAGNE. EN 1759.

Mr. du Blaizel ſe porta ſur la colomne de Grünberg, qu'il joignit bientôt. Les Troupes qui devoient s'y raſſembler, n'étoient pas encore arrivées. A meſure qu'on en appercevoit de ſéparées, on fondoit ſur elles. Ce Baron ſe trouva par-là au milieu de toutes les forces de l'Ennemi ; il y fit cependant beaucoup de Priſonniers : le canon qui tiroit ſans-ceſſe ſur ſes Troupes légères, n'arrêta ni la continuité, ni la vivacité de leurs attaques. Les François ſerrèrent de ſi-près dans un défilé, un Régiment d'Infanterie de cette Colomne, que la Cavallerie Angloiſe fût obligée de ſe poſter en Bataille ſur la gauche, pour favoriſer la retraite de cette Infanterie.

(F)   La

La division qui dirigeoit sa marche sur Laubach fut également harcelée par leurs détachemens ; & M. du Blaizel, de concert avec M. Fischer, se disposoit même à porter toutes ses forces sur cette colomne, lorsqu'il fût averti, qu'un nouveau Corps ennemi passoit à sa gauche, fort-près du sien. Les Troupes légerès se portèrent sur lui avec célérité, & il fut attaqué en même temps de toutes parts. Deux Bataillons de Grenadiers Hessois ne tinrent point ; & après une seule décharge qu'ils firent sur la Cavallerie, ils se sauvèrent : on en prit environ soixante. Le Régiment de Finkenstein, Dragons Prussiens, voulut les soûtenir : il fut écrasé ; tout ce qui ne fut pas tué, fut pris, ainsi que les étendarts, la Caisse militaire, & tous leurs équipages. Un des Escadrons Hanovriens, qui ne se trouva pas enveloppé, rentra dans le bois ; se jetta dans le Régiment d'Apchon, Dragons, près de Hungen ; & se rendit sans tirer un seul coup. La dèfaite entiére de ce Corps arriva à une petite demi-lieue de la division ennemie, qui étoit en Bataille près de Grünberg : elle en fut témoin, & ne fit aucun mouvement pour s'y opposer. Les Troupes légères restèrent dans la même position jusqu'à six heures, & de-là elles se retirèrent à Hungen. La perte que fit cette vaillante Troupe ne peut qu'avoir été considérable.

dérable. Il y eut dans le Régiment de Turpin trois Officiers & 15. Houſſards bleſſés, &
dix tués; dans les Volontaires de Flandres
quatre ou cinq morts, cinq hommes & huit
chevaux bleſſés; dans les Volontaires de
Clermont - Prince une vingtaine de chevaux
morts ou bleſſés, & environ autant d'hommes; dans les Volontaires Liégeois quatre
hommes morts, ſix bleſſés, & quatre ou
cinq chevaux bleſſés; dans le Corps de Fiſcher une vingtaine d'hommes & autant de
chevaux bleſſés ou tués. En revanche M. du
Blaizel envoya à Francfort ſous de fortes eſ-
cortes, pluſieurs détachemens des Priſonniers
faits dans ces journées. Le premier ſeul
qui y arriva le 21. montoit à 300. hommes,
la plûpart du Régiment de Finkenſtein.

On peut appeller ces deux journées, le
triomphe des Corps de Houſſards, des Volontaires de France, & des vaillans Officiers
qui les commandoient. Jamais Camp - volant ne mérita mieux ce titre, puiſqu'il vola
ſucceſſivement, avec une rapidité étonnante,
ſur les diviſions de l'Ennemi, attaqua & mit
en déroute ſes meilleures Troupes réglées,
fit ſur elles un butin extraordinaire; & leur
enleva, outre les Pontons que les Hanovriens
avoient été obligés d'abandonner à Uſingen,
les plus glorieux Trophées.

　　　　　　　　Les

Les Troupes légères bruloient d'ardeur de recommencer la poursuite le lendemain; mais malgré leur bonne volonté, la chose fut impossible. Leurs chevaux sur-tout excédés de la fatigue des deux dernières journées, ne pouvoient pas être employés à de nouvelles courses. D'ailleurs le fourage leur manquoit absolument; les Hanovriens avoient emporté, le peu qu'il en étoit resté aux habitans des Pays qu'ils traversèrent.

Le Soldat obéit toujours: le bon commandement & le bon exemple du Général, voilà ce qui forme une bonne Troupe; la division des Troupes légères dont il s'agit, avoit l'un & l'autre avantage sous le Baron du Blaizel. Après avoir donné l'exemple d'un courage & d'une activité extraordinaires, ce Général donna celui d'une générosité qui lui fit beaucoup d'honneur. Les Volontaires & les Houssards avoient dépouillé les Officiers qu'ils avoient faits Prisonniers, de leurs épées, montres & autres bijoux. M. du Blaizel les racheta, & les rendit aux Propriétaires, en leur disant : *Qu'un Ennemi vaincu n'est plus qu'un Ami, & doit être traité comme tel.*

Quant à l'Armée du Prince Ferdinand, il s'y introduisit une confusion & une terreur si excessives, qu'à la moindre alerte, les Postes étoient abandonnés; & que la nuit du

20.

20. au 21. ce Prince fut obligé de monter à cheval, pour aller arrêter le désordre. Le 22. il quitta Alsfeld, pour aller à Ziegenhain, où son Quartier resta longtemps, d'où il le transporta successivement à Cassel & à Munster. Le Corps du Général Hardenberg évacua Kirchain, Amœnebourg & Neustadt; & le Général Ulft en fit autant de Fulde, toûjours poursuivi, sur son flanc droit par les Volontaires d'Alsace: un détachement qu'il avoit laissé à Schlitz fut écharpé par un autre Détachement des Houssards Autrichiens de Czerzceni; le seul Général Imhoff se maintint à Fritzlar avec un Corps considérable, pour couvrir Cassel. L'Armée Hanovrienne cantonna, pour se refaire, partie dans le Landgraviat de Hesse, partie dans les quatre Evêchés de la Westphalie.

Le Duc de Broglie avoit donné dès le 19. ordre de séparer la sienne pour la faire rentrer dans ses Quartiers de Cantonnement; le mouvement des Hanovriens sur Friedberg, ne fit différer cette séparation que de quelques jours; & la Réserve aux ordres du Comte de Saint-Germain fut de même cantonner sur les rives de la Lahne.

CHA-

CHAPITRE II.

Contenant ce qui s'est passé de plus remar-
quable entre les Armées Françoise &
Hanovrienne, depuis l'Arrivée du Ma-
réchal de Contade à Crevelt, jusqu'au
Quartier-Général de Minden.

Le Maréchal de Contades étoit sur le point
de partir de Paris, pour aller reprendre le Commandement en Chef des Armées
du Roi en Allemagne, lorsqu'il apprit la mémorable victoire de Bergen. Il arriva à
Francfort le 25. Avril. Son premier soin
fut d'aller parcourir le célèbre Champ de Bataille de Bergen ; le 27. & le 28. furent
employés à visiter les Postes de Hanau & de
Friedberg. Le 29. M. le Maréchal quitta
Francfort, pour se rendre à grandes journées
à Crevelt, où il arriva le 4. May.

Il ne s'y arrêta pas long-temps : dès le
second jour de son arrivée, il fit expédier
aux Commandans des Troupes dont son Armée étoit composée, l'ordre de les faire sortir de leurs Quartiers, & de les faire camper à Arcen, à Calcar, à Burick, à Derendorff près Dusseldorp, & sous Duyts vis-à-
vis Cologne.

Le 6. ses ordres furent éxécutés, & tout
se mit en mouvement pour prendre la tente;
mais

mais ces camps furent pour la plûpart aussitôt levés qu'établis. Ils n'étoient qu'autant de points de réünion, où les Troupes devoient se rassembler, pour gagner successivement la Dille, la haute Lahne, & les environs de Gießen, où Monsieur de Contades avoit résolu de porter son Armée. L'objet de ces premiers mouvemens fut tenu dans un profond secret.

M. le Maréchal fit cantonner ses Troupes, le plus long-temps qu'il lui fut possible, non seulement jusqu'à leur départ pour le lieu de leur rendez-vous général, mais encore pendant leur route; afin de les ménager d'autant plus, & de les préparer mieux aux pénibles expéditions, auxquelles il les destinoit.

Ce Général, impatient d'ouvrir une Campagne dont tant de sages dispositions donnoient lieu d'attendre les plus heureux succès, quitta Crevelt le 8. May, arriva à Wezel le même jour, & en partit le lendemain pour Dusseldorp, où il établit son Quartier-Général jusqu'au 20. C'est-là que les Lieutenans-Généraux destinés à rendre ses ordres aux Troupes, furent recevoir ses dernières instructions.

Il en partit le 20. avec la satisfaction de laisser en très-bon état, toutes les Places situées sur le Bas-Rhin. Il se rendit à Mulheim, où il fit un double séjour; & il en

F 4

partit

partit le 23. pour Siegberg, Abbaye & Ville située dans le Duché de Berghe, à 2. lieues & vis-à-vis de Bonn.

Le 25. le Quartier-Général partit d'Uckeradt, & arriva à Achenbourg : il y séjourna le 26. Le 27. il se porta par Neukirchen & Leun sur la Lahne, à Heuchelheim près de Gieffen ; il ne faut pas confondre ce village avec un autre de même nom, qui eft fur l'Elfe, dans le Comté d'Adamar, & qui fe trouve auffi fur la route des Troupes. M. le Maréchal, qui avoit toujours marché avec la Réferve de Guerchi, & qui avoit pris les devans dès le 29. séjourna à Heuchelheim, en attendant l'arrivée des Divifions qu'il avoit laiffées après lui, & des Troupes qui étoient en marche dans la Wétéravie.

L'Armée du Bas-Rhin fe porta fur Gieffen en fept Divifions.

La première, compofée de 17. Bataillons, de 14. Efcadrons, & de deux Régimens de Troupes légères, étoit aux ordres du Comte de Noailles, Lieutenant-Général. Elle arriva le 30. à Marbourg. Ce Comte en détacha fur fa route 8. Bataillons aux ordres du Marquis de Segur, Maréchal de Camp, pour aller foûtenir les Troupes légères, qui étoient en avant. Ce Détachement arriva le 15. à Achenbourg, où le Marquis d'Auvet avoit commandé pendant tout l'hyver, le

Corps

Corps des Troupes légères, employées à éclairer les Ennemis dans le haut Duché de Weftphalie, & du côté de la Heffe; à faire réparer les chemins depuis Herborn jufqu'à Marbourg, & à frayer de nouvelles routes pour l'Armée. Le même jour, le Marquis de Noë, Brigadier & Meftre de Camp du Régiment de Cavallerie de fon nom, occupa le Château de Dillenbourg, tandis que les Troupes légères aux ordres du Marquis d'Auvet, fe portèrent fur Ober-Lafpe, d'où elles s'établirent de nouveau, dans le Comté d'Atzfeldt, dans les Bailliages de Battenberg & de Franckenberg fur le haut Eder, dans les Comtés de Berleberg & de Vitgenftein, & jufqu'à Olpe & Attendorn.

Le 23. May, le Détachement commandé par le Marquis de Segur, s'avança jufqu'à Dillenbourg & Herborn; & il occupa tous les Poftes qui étoient fur la Dille, depuis Grieffenftein jufqu'à Haiger. M. de Noë s'empara de l'important défilé d'Eybelshaufen, qui affûroit la communication entre Dillenbourg & Ober-Lafpe: Le Comte Drummond de Melford, Brigadier & Commandant du même Corps fous le Marquis d'Auvet, s'établit à Bidencaff, jufqu'à l'arrivée du Détachement aux Ordres de M. de Segur.

Le 24. le Marquis d'Auvet partit d'Achenbourg, pour établir fucceffivement fon Quar-

tier-

tier - Général à Dillenbourg & à Battemberg, continuant d'occuper, ainsi qu'il avoit fait depuis son départ du Bas-Rhin, le flanc gauche de l'Armée, & couvrant par la position actuelle des Troupes à ses ordres, ses mouvemens, sa réünion, & ses marches ultérieures.

La seconde Division, commandée par le Marquis de Saint-Pern, & composée de dix Bataillons de Grenadiers; la troisième, aux Ordres du Comte de Guerchi, de 12. Bataill. & qui escortoit un gros convoi d'Artillerie; la quatrième, de 8. Escadrons de Cavallerie, & conduite par le Duc de Fitzjames; la cinquième, commandée par le Marquis de Vogué, & de 6. Escadrons; la sixième, aux Ordres du Duc de Brissac, d'autres sept Escadrons; & la septième de 8. commandée par le Duc de Chevreuse; ainsi que la Gendarmerie, aux Ordres de M. de Bissy, Maréchal de Camp; & les Carabiniers à ceux du Marquis de Poyanne, arrivèrent à Giessen & à Marbourg, dans les premiers jours du mois de Juin.

Les Régimens qui cantonnoient dans la Wétéravie, jouïrent du repos jusqu'au 29. May, qu'ils se mirent en marche sur trois Divisions.

La première, composée de 13. Bataillons & de 4. Escadrons, étoit aux Ordres du Comte de Lusace; la seconde, de 12. Ba-

taillons

taillons & de 10. Escadrons aux Ordres du Marquis de Beaupreau ; & la troisième de 14. Bataillons, à ceux du Comte du Saint-Germain. 25. Bataillons & 14. Escadrons de ces Troupes se rendirent au Camp de Marbourg ; les autres 40. Escadrons & 57. Bataillons à celui de Giessen.

Les Troupes qui formoient la Réserve du Duc de Broglie, se rassemblèrent le 31. May à Friedberg. Le Chevalier de Muy Lieutenant - Général les commanda jusqu'au huit Juin, que le Duc de Broglie en revint prendre le Commandement. Elles étoient composées de 18. Bataillons & de 31. Escadrons.

Le Marquis d'Armentières étoit chargé de veiller à la sûreté du Bas-Rhin, avec une Réserve d'environ 25000. hommes, sans y comprendre la Légion Royale, attachée à cette Réserve. Ces Troupes cantonnèrent le long de ce Fleuve, où campèrent à Burick & à Derendorff, jusqu'à ce que le temps, où il étoit resolu de les faire agir, fût arrivé.

La partie de Calcat jusqu'à Xanten, toûjours importante, mais qui l'étoit encore plus dans des conjonctures où les Hanovriens la menaçoient d'une diversion, fut confiée à la vigilance du Prince de Baufremont, qui commanda le Camp de Calcar, jusqu'à ce que l'Infanterie & la Cavallerie dont il étoit

com-

composé, se réünissent à la Reserve d'Armentières, dont elles font partie.

Le 31. May, M. de Contades transporta son Quartier d'Heuchelheim à Wisecke, de l'autre côté de Gieffen, & sur la rive gauche de la Lahne, où étoit le Camp, où l'Armée se rassembloit. Ce camp avoit sur son front le gros ruisseau de Wisecke, la Ville de Gieffen derrière lui; de hautes montagnes & d'épaisses forêts, sur ses deux flancs.

La marche de l'Armée fut accompagnée de toutes les circonstances, qui peuvent contribuer à rendre un événement mémorable: la beauté du plan, l'éxactitude de l'éxécution, le concert de tous les Corps à se porter & à arriver au lieu du rendez-vous, précisément au jour marqué; les attentions du Général à ménager le Soldat; l'ardeur du Soldat à se sacrifier pour la gloire du Général; tous les projets de l'Ennemi déconcertés, son heureuse position sur la Lippe, & ses longs préparatifs pour une vigoureuse défense, rendus inutiles; sa gauche attaquée par un détour imprévu, lorsqu'il s'attend de n'être attaqué que sur sa droite; sa communication avec la Hesse coupée sans coup férir; & plus que tout cela les Troupes ne manquant de rien, & observant une exacte discipline dans le Pays le plus stérile, & le plus sauvage de l'Allel'Allemagne, quoiqu'on n'eût établi aucun Magafin pour leur fubfiftance.

L'éxactitude nous oblige de revenir fur nos pas, après avoir rendu compte des difpofitions faites pour l'attaque; & d'entrer dans le détail de celles que le Prince Ferdinand fit pour fa défenfe.

Réparer les échecs que l'Armée des Alliés avoit foufferts à Berghen, & dans leur retraite; mettre en bon état de défenfe les Poftes qu'elle occupoit dans le Comté de la Marck, dans les Evêchés de Munfter & de Paderborn, & dans le haut Duché de Weftphalie; feconder la troifième Expédition que le Prince Henri de Pruffe fit contre l'Armée des Cercles : voilà les objets dont le Prince Ferdinand s'occupa après la perte de la Bataille de Berghen, & fa retraite à Ziegenhain.

Pour remplir le premier de ces objets, ce Prince fit tranfporter à Munden, Ville fituée fur le confluant de la Fulde & de la Verra, prefque tous les Malades & les Bleffés, qu'il avoit fauvés, tant de cette Bataille, que des vives & fréquentes actions qu'il eût à foûtenir dans fa retraite. Quelque foin qu'il en eût fait prendre dans le tranfport, & dans l'Hôpital-Général militaire, qu'il avoit fait établir dans cette Ville, il en périt un très-grand nombre. Il remplaça leur perte par des Milices de Heffe & d'Hanovre; & il fit

can-

cantonner pendant quelques semaines, celles de ses Troupes, que les fatigues des Mois de Mars & d'Avril avoient excessivement épuisées.

Ce Prince remplit le second objet par deux moyens : il fit travailler sans relâche, pendant tout l'hyver & tout le printemps, à fortifier les Postes de Rheine sur l'Embs, de Coesveldt, d'Halteren & de Ham, de Munster, de Warendorp, de Lippstadt, & de Hamelen, où il fit construire de nouvelles casemattes, & deux fortins, l'un sur la hauteur de Ruther & l'autre sur celle d'Ohrsberg, qui dominent cette Place de l'un & de l'autre côté du Wezer, & outre l'Artillerie Hanovrienne dont elle est bien fournie, & l'Artillerie que les François avoient abandonnée dans leur évacuation de Dusseldorp, & qu'il avoit fait transporter, il y fit ramener celle qu'ils avoient laissée à Lippstadt, & qu'il avoit fait transporter à Stade.

Il forma des Magasins considérables à Munster, sur le Weser, sur la Lippe & dans la Hesse; & il s'appliqua sur-tout à faire réparer les vieux chemins, ou à ouvrir de nouvelles routes, propres à entretenir ou à ouvrir la Communication entre les différentes divisions de son Armée.

Le Prince Ferdinand ne crut pas devoir négliger un objet important, qui entre rarement dans l'esprit des autres Généraux. Depuis

puis

puis la rupture de la Convention de Closter-Seven, & depuis que son Armée avoit repris les armes, ce Prince avoit chargé les Aumôniers de ses Régimens, de prendre pour les Sujets les plus ordinaires de leurs prêches, les dangers de la Religion Protestante, l'oppression de la Patrie sous la domination de l'Etranger, l'amour de la liberté, du devoir, du Prince ; l'opprobre de l'esclavage, & le généreux mépris de la mort, pour la défense d'aussi grands intérêts. Ces Aumôniers, dont l'emploi est dans l'Electorat d'Hanovre, comme dans d'autres Etats, un emploi à vie, étoient pour la plûpart des gens vieux ; & leurs exhortations plus propres, par conséquent, à endormir, qu'à échauffer l'imagination du Militaire ; qu'à l'enthousiasmer des beaux principes que le Général vouloit lui inspirer ; qu'à enflammer ces vives passions au point où il convenoit qu'elles fussent enflammées pour porter le Soldat à combattre jusqu'à la fureur. Il fit donc une réforme générale dans cette Légion spirituelle. Il procura aux Vétérans d'autres emplois, & il les fit remplacer par de jeunes Prédicateurs, plus capables de supporter les fatigues de la guerre, plus véhémens dans leurs Sermons ; & surtout d'une vie exemplaire & de mœurs irréprochables. Il les soûmit à un rigoureux examen sur tous ces articles, & à lui en rap-

porter

porter des Certificats de leurs Supérieurs Ecclésiastiques.

L'excellente position que le Prince Ferdinand fit prendre à ses Troupes, sur la Lippe où il se flattoit que les François porteroient toutes leurs forces au commencement de la Campagne étoit sans contredit le moyen le plus propre à les mettre en état de faire une longue résistance, si l'événement eût répondu à son attente.

Il en rassembla la plus grande partie à Nienberg & dans d'autres villages des environs de Munster. La plûpart des Anglois qui avoient hyverné dans le Bas-Evêché de ce nom, & sur les frontières de l'Oost-Frise, à Lingen, à Rheine, dans le Comté de Tecklembourg, se mirent en mouvement dès le Mois d'Avril, précédés de la grosse Artillerie, qu'ils avoient reçue d'Angleterre par Embden, & qu'ils firent parquer sous le canon de la Citadelle Munster. Ceux qui revenus de la Hesse, étoient dans Munster, ou aux environs furent postés sur la Lippe. Là se rendirent aussi la plûpart des Troupes d'Hanovre, de Brunswick, & quelques Corps de celles de Hesse.

No. VII.

MEMOIRES
POLITIQUES & MILITAIRES
POUR SERVIR à
L'HISTOIRE
DE NOTRE TEMS.

No. (VII.)

SUITES DES OPÉRATIONS DES ARMÉES FRANÇOISES EN ALLEMAGNE EN 1759.

L'Ordre envoyé par le Prince Ferdinand aux Lieutenans-Généraux qui commandoient ces différens Corps, de leur faire prendre la position qu'ils avoient eûe sur la Lippe, l'année passée, arriva le 21. May aux Camps d'Olphen & de Nienberg. Le lendemain on commença de les éxécuter. Le Régiment de Sporke, un de Dragons, ceux d'Halberstadt & de Kilmanseg, & plusieurs autres, se portèrent au Camp d'Halteren, où devoit camper la Division de la Droite, aux ordres du Comte de Wangenheim, Lieutenant - Général. Les Troupes de Brunswick s'avancèrent jusqu'à Lunen; le reste défila successivement, & cantonna avant de se réünir au Camp d'Anruchte. Deux Ponts de Batteaux furent jet-

tés

tés sur la Lippe, pour faciliter la marche, ou la retraite de l'Armée, selon le besoin.

Le Camp d'Anrucht étoit au centre de l'Armée des Alliés. La Ville d'où il a pris son nom, est dans le Duché de Westphalie, à deux lieues de Lippstadt. Ce Camp couvroit par conséquent cette Ville, & tous les Postes sur la Lippe ; le Camp étoit couvert lui-même par les Troupes légères répandues en avant dans le même Duché. Il fut composé d'environ 20. mille hommes, & commandé par le Général Hardenberg.

Un troisième Corps de 12. à 15. mille hommes campoit aux environs de Fritzlar, aux ordres du Général Imhoff. Il formoit la Division de la Droite ; & le Prince Ferdinand se maintint lui-même dans le Poste de Ziegenhain jusqu'au Mois de May.

Par cette position, l'Armée Alliée formoit un Cordon très-étendu, depuis Schermbeck ; où étoient les Chasseurs de la Lippe-Buckebourg, qui continuoit par Dorsten, Halteren, Lunen & Dormund, Unna, Werle, Soest, Lippstadt & Anruchte, Buren, & Stadberg, jusqu'à Fritzlar & Ziegenhain.

Ce n'est pas tout: Un quatrième Corps de 8. à 10. mille hommes de la même Armée pénétra par l'Evêché de Fulde, & déboucha dans la Franconie, par Geissa & Thaun, jusqu'à Neustadt sur la Sala, Ville

diffé-

différente d'un autre Neuſtadt ſur l'Aiſch ſur les frontières du même Cercle, & où les Pruſſiens pénétrèrent en même temps. C'eſt pour attendre le Succès de cette troiſième Expédition des Pruſſiens contre l'Armée de l'Empire & pour la favoriſer, que le Prince Ferdinand reſta ſi longtemps dans la Heſſe.

Le compte que nous avons rendu des deux premières, dans la première Partie de ce Journal, l'ordre des événemens, & la part que les Heſſois y ont priſe, nous obligent de donner ici le détail de cette troiſième Expédition, nous l'allons faire en auſſi peu de mots, qu'il nous ſera poſſible.

Le Prince Henri, qui, pour favoriſer la ſeconde, s'étoit avancé juſqu'à Hoff, en partit tout-à-coup pour faire une incurſion en Bohême, & pour y détruire des Magaſins conſidérables, que les Autrichiens y avoient établis. A peine eût-il rempli l'objet de cette incurſion, qu'il traverſa de nouveau la Saxe, & qu'il ramena en Franconie une Armée de 25. à 26. mille hommes.

Soit que le Prince Palatin de Deux-Ponts, Feld-Maréchal de l'Armée combinée des Cercles & d'Autriche, jugeât qu'il étoit temps d'ouvrir la Campagne, & de profiter de l'éloignement du Prince Henri pour pénétrer dans la Saxe; ſoit qu'il ne penſât qu'à mieux couvrir cette frontière du Cercle de Franco-

nie,

nie, & à faciliter les Subſiſtances de ſon Armée, en la portant en avant, il fit mettre ſes Troupes en mouvement, en même temps que le Maréchal de Contades y fit mettre les ſiennes. Il fit tracer trois camps pour ſon Infanterie ; l'un à Aſch dans le voiſinage d'Hochſtet, c'étoit la Droite de ſon Armée, & il en confia le Commandement au Comte de Maguire, Lieutenanr-Feld-Maréchal d'Infanterie ; le ſecond auprès de Monchsberg, il devoit former le centre, aux ordres du Comte de Haddick, Lieutenant-Feld-Maréchal de Cavallerie, & il étoit compoſé de la plus grande partie de ſon Armée; & le troiſième enfin à Steinach, aux ordres du Prince Chriſtophle de Bade-Dourlach, Lieutenant-Général d'Infanterie. Il fit cantonner la Cavallerie dans les villages des environs. Le Comte Rodolphe de Palfi commandoit une nombreuſe avant-garde ; & le Comte Veczéi couvroit la Franconie du côté de Fulde. Ce Prince porta dès les premiers jours de May, ſon Armée juſques à Culmbach, où il la précèda ; & ſes Poſtes avancés s'étendoient au-delà de Hoff & de la Sala.

Le Prince Henri inſtruit de ces mouvemens, raſſembla ſes Troupes en toute diligence, entre Zwickaw & Reichenbach, & pouſſa ſes Patrouilles depuis Tann, Schlaitz, Salbourg, juſqu'à Plawen & Oelsnitz. Il les
diviſa

divisa en trois Colomnes, donnant le Commandement de celle de la droite aux Lieutenans-Généraux Knoblauch & de Hulsen, retenant pour lui le Commandement de celle du Centre ; ces deux Divisions étoient pourvûes d'un train considérable de grosse Artillerie ; & confiant au Lieutenant-Général Finck, la conduite de la troisième, qui formoit sa Gauche. Ces Divisions se mirent en mouvement en même temps, & se portèrent sur trois points différens de la Franconie, dans le dessein de se réünir à Bamberg.

La première Colomne passa la Sala à Salbourg, & força le Général Ried, de se replier successivement sur Culmbach, par Nordhaben, Steinwiesen & Waldenfels. Elle se porta sur Teuschnitz, sur Cronach qu'elle canonna inutilement pendant un jour, sur Burgkunstadt, & sur Weismann, pour rejoindre le Prince Henri : ce qu'elle fit bientôt.

La Colomne du Centre arriva le 13. May aux Portes de Hoff ; y entra le 9. après que la rive droite de la Sala & cette Ville eurent été abandonnées par 1500. hommes de Troupes légères aux ordres du Général de Klefeld & par d'autres détachemens, que le Général Palfi y avoit envoyés. La rapidité de ses mouvemens détermina le Prince de Deux-Ponts à rassembler au Camp de Culmbach,

G 3   les

les Troupes qui campoient à Steinach, & à Monchsberg.

Cette nouvelle pofition ne mit pas l'Armée Combinée en fûreté. Les Heffois fe portoient à grands pas fur Wirtzbourg, Ville qu'elle laiffoit à dos. Ils étoient déja à Königshoffen, & s'ils euffent fait de nouveaux progrès, l'Armée Combinée fe feroit trouvée infailliblement entre deux feux. Ce péril, & la pourfuite de l'Ennemi, qui occupoit les Poftes évacués par cette Armée, auffitôt qu'elle les abandonnoit, obligèrent le Prince des Deux-Ponts de retourner fucceffivement à Caffendorff, à Bamberg, à Hochftet, à Hertzog-Aurach; & de fe couvrir enfin de Nuremberg même, où il arriva le 24. dans la réfolution de fe rapprocher de plus en plus du Danube, vers lequel les équipages commençoient à défiler au cas que le mauvais état d'une Armée mal-pourvûe d'armes & de fubfiftances, mal-difciplinée, & dont peu de Corps étoient ou complets ou de bonne volonté, l'eût forcé à une auffi longue & auffi difgracieufe retraite.

La troifième Colomne aux ordres du Général de Finck déboucha le 7. May en force, par Oelnitz fur Afch, & fut l'après-midi même en préfence du Général Maguire, qui mit d'abord fa Troupe en Bataille fur une hauteur. Le lendemain, le Général Haddick

mal-

mal-informé des forces de la Réſerve du Général Pruſſien, fit donner avis au Comte de Maguire, qu'elle n'étoit compoſée que de trois à quatre mille hommes tout-au-plus. Ce Comte dont le Corps étoit de la même force, ne crut pas devoir céder le terrain à un pareil nombre de Pruſſiens; mais deux heures après l'erreur fut reconnue; ils délogèrent ſes Poſtes avancés; & ils parurent au haut d'une montagne, ſe portant ſur lui avec un front auſſi large que le ſien; tandis qu'un Corps de Cavallerie ſe montroit à ſa droite ſur une autre montagne. Les deux partis étoient ſéparés par des vallons, & le Général Autrichien fit ſes diſpoſitions pour n'être pas pris ſur ſes flancs. Il avoit 8. Bataillons, 16. Piéces de trois livres de bale, 3. Fauconneaux & des Troupes légères. Il les plaça de la manière la plus propre à ſe bien défendre, & fit jouër le premier ſon Artillerie. Les Pruſſiens dont le nombre groſſiſſoit imperceptiblement à la faveur des bois qui couvroient leurs approches, y répondirent, & leur Artillerie portoit directement ſur le Centre des Autrichiens. En même temps le Comte de Maguire apprend que les Pruſſiens deſcendoient en force de la montagne, qui eſt au deſſus du village de Himmelsreich: Le Comte y court à toute bride pour s'éclaircir de la vérité de ce rap-

G 4   port:

port: il ne le trouve que trop vrai, & retourne avec la même vîtesse au Corps de Bataille. Il s'apperçoit qu'un troisième Corps ennemi pénétre dans les bois de la gauche, & que les Troupes qui forment son centre, & qui font seules plus nombreuses que celles de tout son Corps, descendent pour engager le combat. Dans ce moment critique, il prend l'unique parti qu'il y eût à prendre : c'étoit celui de la retraite, & s'il eût balancé long-temps à la faire, il étoit enveloppé de tous côtés par des forces très-supérieures.

Il ne lui restoit pour la faire, qu'un chemin étroit dans un bois épais qui s'étend depuis Himmelsreich jusqu'à Haslaw, ce qui forme la distance de deux lieues. Il fit faire un quart de conversion aux Troupes, & les fit entrer en bon ordre dans le bois. Le Colonel Maximilien, Prince de Salm-Salm fut commandé pour faire l'arrière-garde avec les Grenadiers de son Régiment, ceux de Marshal restèrent à la queue des deux Bataillons; & le Général Lutzinsky couvrit cette retraite avec le peu de Houssards qu'il commandoit.

Les Prussiens les canonnèrent vivement, jusqu'à ce qu'un Détachement de Houssards noirs & le Bataillon franc de Montjon, suivis des premières divisions de l'Infanterie &

de

de Cavallerie, euſſent atteint, près d'Himels-
reich, l'arrière-garde du Comte de Maguire.
Les Bataillons de Salm & de Marshall firent
face, tandis que ceux de Mayence deſcendoient dans le bois. L'Ennemi s'y répandit
en force de droite & de gauche, mais il
fut toûjours écarté; & après une réſiſtance
perpétuelle de trois heures, & digne de la
capacité des Généraux & de la bravoure de
leurs troupes, elles gagnèrent le débouché
du bois, où quelques Eſcadrons Pruſſiens les
avoient devancées par la gauche, tandis que
l'Infanterie mêlée de Houſſards les fuſilloit
par la droite. Autre combat : il fallut encore faire face de tous côtés. La Cavallerie aux ordres du Prince de Lobkowitz fut
d'abord formée, l'Infanterie ſe forma avec
la même vîteſſe, & l'Ennemi obligé de rentrer dans les bois laiſſa les Impériaux, paſſer
tranquillement le défilé de Haslaw, & gagner la hauteur qui eſt derrière ce village,
où le Général Muffling avoit déja précédé
le Comte de Maguire avec les Régimens de
Giuliaï & de Treves : ils n'y prirent que
quatre heures de repos.

On prit la route d'Egra, où on arriva le
même ſoir, & on campa ſur le Crammers-
berg. Le lendemain le Comte de Maguire
reçut l'ordre précis de ſe porter ſur Berneck
pour y joindre la grande Armée. Il l'éxécu-

G 5

toit,

toit, fa Troupe étoit en marche, & il avoit déja envoyé les marqueurs pour lui tracer un camp entre le village de Franckenham & la Ville de Weiffenftadt; elle étoit même à portée d'y entrer; lorfque le Comte apprit, en allant le reconnoître, qu'un Corps de Pruffiens beaucoup plus nombreux que fa troupe, campoit fur la route de Berneck. Il apperçut lui-même des pelottons qui fe répandoient dans les terres, & qui étoient leur Avant-Garde. Il fut informé d'ailleurs que le Général Haddick avoit décampé de Monchsberg, fans favoir la route qu'il avoit prife: ainfi la jonction de ces deux Généraux & l'arrivée à Berneck devinrent impoffibles.

Le Comte de Maguire rangea fes Troupes en Bataille; & fit en même temps les difpofitions néceffaires ou pour le combat, ou pour continuer fa retraite. L'Ennemi fortit alors des bois en colonnes, & tira un coup de canon pour avertir toute fon Armée de la proximité du Corps Impérial. Le Comte de Maguire fit femblant de vouloir tenter un nouveau combat, mais dans le fonds il ne penfoit qu'à retourner fur fes pas, à fauver fa Troupe, & à la conduire à Nuremberg, par les plaines du Haut-Palatinat. Il choifit donc pour champ de Bataille, un terrain fur fa gauche, & il y fit avancer quelques pièces d'Artillerie; tandis que le Bataillon de Salm

qui

qui étoit resté à la droite, séparé des autres par un petit bois, le tourna & vint se poster sur le terrain découvert. Tous les autres Bataillons se rapprochèrent, & formoient un Corps épais, mais peu étendu. Alors la Cavallerie, couverte de l'Infanterie, traversa un bosquet qu'elle avoit à dos, & enfila le chemin qui descend dans les bois. Les Bataillons de Marschal, de Modène, de Mayence, de Trêves, & enfin celui de Salm défilèrent successivement. Le Général de Muffling fit l'Arrière-Garde, avec le Bataillon de Giuliaï. La Cavallerie & 30. Hussards aux ordres du Général Luzinski, fermoient la marche. La retraite se fit par des bois & des défilés affreux, & avec le plus mauvais temps du monde, jusqu'à Nagel, où les Impériaux mouillés jusques aux os arrivèrent à minuit. Soit que l'Ennemi ne s'en fût pas apperçu, ou qu'il désesperât de les joindre, il ne les harcela point le reste de la journée.

Ils ne firent à Nagel qu'une halte de trois heures, pendant laquelle l'Officier aussi harassé que le Soldat, couchoit pêle-mêle avec lui, partie dans les cabannes, & partie au bivac.

Pendant ce temps-là, l'Ennemi filoit de droite & de gauche, dans les bois que les Impériaux traversoient. Ils passèrent le défilé de Nagel, arrivèrent à la hauteur de Brandt, village au sommet d'une montagne, & en-

touré

touré de bois, de tous les côtés; & ils def-
cendirent par le hameau de Grienberg, fitué
au bord d'un ruiffeau, & entre deux autres
Montagnes couvertes de forêts. La Cavallerie
étoit déjà arrivée au fommet de la montagne
par laquelle on alloit déboucher dans les plaines, & l'Infanterie la fuivoit, quand la marche fut tout-à-coup arrêtée par un feu de
canon & de Moufqueterie qu'on entendit à
la hauteur de Brandt. L'alerte fut générale.
Le Comte de Maguire accourut à l'Arrière-
Garde, & ordonna aux Corps avancés de repaffer le ruiffeau de Grienberg. Les Pruffiens
fortis des bois avoient obligé le Général Muffling de faire volte face. Mais les Volontaires
de Salm & de Giuliaï, joïnts par les Grenadiers de Mayence, les firent rentrer dans la
forêt, & les y pourfuivirent. Le Général
fit des difpofitions pour ranger fa petite Armée en Bataille: cette manœuvre fut inutile,
parce que l'Arrière-Garde repouffoit l'Ennemi
dans les bois, toutes les fois qu'il en fortoit.

Les Impériaux réünis défilèrent auffi vers
la plaine, s'avancèrent par la gauche jufques
à Culmain, où le Général Luzinski qu'on
n'avoit pas vû depuis Egra, les rejoignit avec
fa Troupe, & pouffèrent tranquillement jufqu'à Kemnat. Les Troupes étant excédées de
la fatigue d'une marche de quarante heures,
&c.

& quelques Bataillons manquant de tentes, le Général résolut de les faire cantonner.

Lorsqu'elles entroient dans Kemnat, l'Ennemi parut de nouveau. Elles furent d'abord rangées en Bataille dans le même ordre qu'elles l'avoient été à Brandt. La Cavallerie Prussienne s'efforça d'entamer un de leur flancs, elle fut repoussée à coups de canon. L'Ennemi revint, & campa à la vûe des Impériaux, qui après l'avoir attendu inutilement pendant trois heures, & pris quelque nourriture sous les armes mêmes, reprirent leur marche à onze heures du soir, & arrivèrent le lendemain matin à Vilsck.

La nuit du 12. au 13. fut pour eux la première nuit de repos, depuis celle du 8. au 9. Malgré cela ils marchèrent encore le 13. jusqu'à Amberg, & le 14. jusqu'à Altorff, après avoir été obligés, pour éviter l'Ennemi, de faire un détour de 13. lieues. Ils eurent séjour le 15. & le 16. Le 17. ils arrivèrent enfin à Nuremberg, deux jours avant le reste de l'Armée.

Il falloit certainement que le Général Finck eut une bonne envie de détruire le Corps du Comte Maguire, pour exposer ses propres troupes dans un pays aussi affreux que le sont les montagnes & les forêts qu'il faut traverser pour se rendre d'Asch à Egra, d'Egra à Berneck, & de Berneck à Amberg; & ceux
à qui

à qui la nature de cet ingrat pays est connue, ne peuvent que s'étonner de la témérité de l'un, de la patience & du courage de l'autre. Ainsi cette retraite est aussi glorieuse pour le Soldat, que pour les Généraux qui la ménagèrent. Je dis pour le Soldat, car il raisonne souvent ; il connoît la justesse des mesures que l'on prend pour sa conservation, la solidité des manœuvres qu'on lui fait faire devant l'Ennemi, & l'attention que l'on a de pourvoir à ses besoins les plus pressans. Il seconde alors le Général en qui il met sa confiance, il se prête à tout, il prévient même les difficultés, ou il les surmonte par la patience.

Le Lieutenant Feldt-Maréchal de Maguire dit dans la relation qu'il en a communiquée, que cette pénible marche couta depuis Asch jusqu'au combat de Himmelsreich, à l'Armée combinée, 325. hommes en tués, blessés, prisonniers & déserteurs. Les Capitaine Comte de Lowenfeldt & ses deux Lieutenants furent du nombre des premiers, & parmi les prisonniers, se trouva le Prince de Salm-Salm qui, dans un âge peu avancé, joint à une douceur de caractère qui le fait chérir de tout le monde, de grands talens militaires & une bravoure dont il donna les preuves les plus éclatantes à la Bataille de Chotemnitz & récompensée dès-lors, de l'Ordre de Marie-Thé-

Thérese. Son cheval s'enfonça dans un marais, lorsqu'il étoit à la queue des Grenadiers qui fermoient l'Arrière-Garde : cet accident lui causa le malheur de tomber, entre Himmelsreich & Haslaw, au pouvoir de l'ennemi.

La perte que le Comte de Maguire fit depuis Haslaw jusqu'à Amberg, fut peu de chose; elle ne consista qu'en un petit nombre de Traîneurs & d'égarés: le feu de l'Ennemi ne lui emporta personne. Mais quoique le Général Finck n'ait pas rendu la sienne publique, il n'est pas possible qu'elle n'ait été considérable: des marches forcées & longues dans un Pays aussi ingrat que celui-là, ne se font pas sans que les Troupes perdent beaucoup, par la fatigue, & sur-tout par la Désertion.

Cependant le Prince Henri qui s'étoit avancé de Hoff à Monchsberg, à Benck, & à Bamberg, où il entra le 14. l'Evêque de cette Ville ayant jugé à-propos de chercher un asyle ailleurs, détacha le 17. le Général Knoblauch, pour aller camper à Burg-Eberach, afin de soûtenir la marche des Lieutenans-Colonels de Kleist & de Wunsch chargés d'aller prendre possession de Kitzingen à peu de distance de Wirtzburg, & d'en détruire les Magasins. Ils en avoient ruiné une partie, lorsqu'ils furent attaqués par un Détachement de deux mille hommes, envoyé par le Géné-

Général de Saint-André, qui avoit mené dans la Ville de Wirtzbourg un renfort de huit Bataillons. Ce Détachement fit Prifonniers, un Officier & 20. Soldats Pruffiens, & les empêcha d'achever de ruiner ces riches Magafins ; mais tous les depôts de vivres & de fourages, que l'Armée des Cercles avoit à Marcbreit & à Steft fur les bords du Main furent détruits. Après s'être en partie acquitté de fa Commiffion, ce Corps retourna à Bamberg, où on acheva de ruiner ce qu'il y reftoit de Provifions pour les Impériaux.

Le Général Riedefel qui avoit reçu ordre de faire fa retraite d'Himmelscron fur Bareith, avoit été attaqué le 11. lorfqu'il s'y rendoit, & il fut fait Prifonnier avec une partie du Régiment de Kroneck, & du Régiment des Dragons Palatins. Cette action fut après celle d'Himmelsreich, la plus vive qui fe foit paffée dans cette Expédition.

No. VIII.

MEMOIRES

POLITIQUES & MILITAIRES

POUR SERVIR à

L'HISTOIRE

DE NOTRE TEMS.

No. (VIII.)

SUITE DES OPÉRATIONS DES ARMÉES FRANÇOISES EN ALLEMAGNE EN 1759.

Enfin le Prince Henri, ou inquiet fur les mou-vemens du Général Brentano, qui étoit entré avec des Croates dans la Saxe par un autre côté; ou content des Contributions ex-traordinaires, qu'il leva fur toute fa route, d'y avoir ruiné les fubfiftances de l'Armée combinée, & d'avoir jetté la terreur dans Wirtzbourg, dans le haut Palatinat, dans Nuremberg & dans Ratisbonne même, rappella fes Poftes & fes Détachemens avancés, enleva des otages, abandonna la Ville de Bamberg le 24. May, à quatre heures du matin, & reprit avec fon Armée la route de la Saxe, dont il ne lui convenoit pas de s'éloigner beaucoup.

(H)   Le

Le 24. le Général Itzenplitz campa à Hof-feld. Le 25. tous les Corps de l'Armée Prus-sienne se réünirent entre Bareith & Busbach, où ils campèrent. Le 26. cette Armée arriva à Leutzenreuth, & le 30. à Hoff. Le Prince Henri la fit cantonner pendant quelques se-maines pour arrêter la désertion, que ces marches continuelles avoient introduite par-mi ses Troupes.

L'expédition des Hessois dans la Franco-nie fut plus courte encore ; ils ne poussè-rent que jusqu'à Konigshoffen. Le Prince Ferdinand, dont la marche de l'Armée Fran-çoise dérangea le Plan, & que ses mouve-mens commencèrent à allarmer, les rappella dans la Hesse, où ils étoient déja de retour vers la my-May.

Les Prussiens & leurs Alliés furent vive-ment poursuivis dans leur retraite par les Troupes Impériales, qui reprirent en peu de jours possession de tous les Postes qu'el-les leur avoient abandonnés. Le peu de ré-sistance que l'Armée combinée avoit faite, le mauvais état de quelques Contingens des Cercles, la diversité de sentimens des Etats qui les fournissent, déterminèrent la Cour Impériale à faire agir ses propres Troupes autre part. De 19. Régimens Autrichiens qui servoient dans l'Armée combinée, elle n'y en laissa que quatre, sçavoir ceux de Sa-

voye

voie & de Trautmansdorff, & les Houſſards
de Czeczeni & de Baronaï. Tous les autres partirent le 4. Juin d'Erlangen, & ſe
rendirent en Bohème par Egra.

Depuis l'Action du 18. Avril entre les
Troupes légères des Alliés & celles de France, juſqu'au mois de Juin, il ſe paſſa peu
d'Eſcarmouches bien mémorables. Ce ne fut
qu'attaques de petits poſtes & enlevemens de
patrouilles qui n'avoient rien de déciſif; mais
quand il s'eſt agi de balayer de partis Ha-
novris, ou Heſſois, les devans, ou les
flancs de l'Armée Françoiſe, ſes Troupes légères s'étendirent beaucoup dans le haut Duché de Weſtphalie & dans la Heſſe; & le
31. May, un Détachement des Volontaires
Liégeois, commandé par M. Hallet frère du
Colonel de cette Troupe, ſe porta à Frede-
bourg, & pouſſa ſes Patrouilles ſur Winterberg & Malſchede ſur la Roere, différent
de Melſchede qui eſt à environ deux lieues
ſur la gauche. Il y avoit à Malſchede un
poſte fixe de Houſſards Hanovriens ſoûtenu
par les Troupes qui campoient à Anrucht,
& on avoit commencé d'établir pour elles à
Winterberg, un Magaſin, que M. Halle
enleva & envoya à Berlebourg, de même
que le poſte de Houſſards établi à Malſchede, qu'il attaqua inopinément par pluſieurs

H 2   endroits,

endroits, & dont il ne se sauva que le Commandant.

Le Maréchal de Contades donna les derniers jours du mois de May, & les premiers de ceux de Juin, à la police de son Armée. Il renouvella sur-tout ses anciennes ordonnances pour empêcher la Maraude, & il les fait éxécuter avec une fermeté également utile à l'Armée & aux pays qu'elle traverse. Le Paysan a ordre de porter ses denrées à l'Armée, il les y porte sans crainte & sans péril, & il y est de plus en plus encouragé par un profit qui le récompense de ses peines, & qui le met en état de mieux soûtenir les corvées, auxquelles il est sujet pour le service des Troupes.

Ce Général les a aussi délivrées d'une infinité de gens plus qu'inutiles qui sous prétexte d'introduire l'abondance chez elles, n'y viennent que pour les ronger, y multiplient la maraude & les fouragemens illicites, qu'ils mettent sur le compte du Sóldat ; y portent la cherté, les monopoles & les concussions. Il ordonna que tout Vivandier, qui suivroit l'Armée, seroit tenu de s'attacher à un Corps particulier, dont il seroit avoué ; & d'avoir quatre Chevaux, dont on lui faciliteroit la subsistance ; & par un principe d'équité, dont il n'est pas plus permis aux Militaires de s'écarter, qu'aux personnes de

tout

tout autre état, ce Maréchal accorda aux Vivandiers, qui n'étoient point dans ces cas, le terme de six semaines pour se défaire de leurs denrées, ou pour se mettre en régle.

Enfin la partie de l'Armée Françoise, qui avoit été rassemblée aux environs de Giessen, se mit en marche le 3. Juin pour se porter, sur trois colomnes, à Nieder-Walcheren auprès de Marbourg, & pour s'y réünir à l'autre partie des Troupes, qui s'y étoient déjà rendues du Bas-Rhin & de la Wétéravie.

L'Avant-Garde commandée par le Comte de Noailles, Lieutenant-Général, & composée des Brigades de Picardie & d'Auvergne, Infanterie; des Régimens d'Orléans, & d'Aquitaine, Cavallerie, & de la plus grande partie des Troupes légères, avoit deja prévenu la marche de l'Armée, qui campa dans la petite plaine, à laquelle le village de Nieder-Walcheren donne le nom. Elle est sur la rive gauche de la Lahne, & très-commode pour un camp par l'abondance des eaux qui l'arrosent.

On choisit des Volontaires dans tous les Régimens d'Infanterie de l'Armée, & on en forma un corps, dont le Commandement fut donné au Comte de Muret, Capitaine au Régiment de Royal-Comtois. Cet Officier avoit été employé dans le même service pendant l'Année 1758. & s'en est acquitté

H 3

avec

avec beaucoup de diſtinction. On a formé
des corps pareils dans les Réſerves de Broglie & d'Armentières, & leur Commandement a été confié à des Officiers d'une bravoure reconnue.

La Réſerve de Broglie, commandée en
l'abſence du Duc, par le Chevalier de Muy,
Lieutenant-Général, ſe mit en même temps
en marche de Friedberg, mais par une autre chemin. Elle traverſa le Comté d'Hungen, ou Hoingen & le Baillage de Grünberg ſur le Wetter, dépendans l'un & l'autre du Comté de Solms. Elle arriva le 4.
à Iontershauſen vis-à-vis Hombourg ſur l'Ohm,
petite rivière qui ſe jette dans la Lahne au-
deſſous de Marbourg. Cet Hombourg eſt
différent d'une autre Ville de même nom, qui
eſt l'appanage d'une des Branches de la Mai-
ſon de Heſſe. Le premier eſt dans la Heſſe ſupérieure, & l'autre dans la baſſe Heſſe,
à 2. ou 3. lieues plus bas que Ziegenhain.
Cette Réſerve ſe porta enſuite ſur Ziegenhain,
par Kirdorff, Neuſtadt & Treyſa.

M. de Contades laiſſa 11. Bataillons de
ſon Armée, Allemands ou des Milices, pour
garder les Villes de Francfort, de Hanau, de
Friedberg, de Gieſſen, & autres ; & il fit
entrer dans Marbourg, ou Marpurg, des Piquets tirés de différens Régimens pour y reſter en Garniſon, juſqu'à nouvel ordre.

Le

Le Régiment de Berchini, Houssards, avoit été envoyé en avant par M. de Noailles, & il avoit pris poste à Ober-Wetter. Le Comte de Berchini, Fils du Maréchal de France de ce nom, & Mestre de Camp de ce Régiment, envoya un Détachement de 80. chevaux à Gemünd sur le Wahr; & M. de Huysch, Lieutenant dans ce Corps, fut chargé d'aller reconnoître un Poste Hanovrien, établi aux environs de Siebenrode, & considérable. L'Ennemi averti donna ordre à son premier Piquet de plier; & enveloppa bientôt après, sortant d'une embuscade où il s'étoit caché, M. Huysch avec sa Troupe, dont il ne ramena que 14. Dragons, de 25. dont elle étoit composée. Cet Officier se fit jour à travers les Ennemis, qui le poursuivirent pendant l'espace de deux lieues.

Ce Corps dont les Détachemens pénétroient de jour en jour plus avant dans la Hesse, reçut le 5. Avril un autre échec entre Borcken & Limers; mais leur voisinage de Fritzlar engagea le Général Imhoff, de resserrer ses Troupes auprès de Kasbourg, & de se préparer à une prompte retraite.

La grosse & nombreuse Artillerie, que l'Armée de Contades, & sur-tout la Réserve de Broglie, traînoient après elles; avoit fait espérer au Prince Ferdinand, que les

H 4

vûes

vûes du Maréchal, en se portant sur Giessen, pouvoient tendre à la délivrance de la
Saxe ; & que pendant ce temps-là, il auroit pû lui causer quelque diversion puissan-
te ou sur le Bas-Rhin, ou du côté de la
Hesse. Il se voyoit alors à la veille de perdre la Communication avec ce Landgraviat,
ou tout le Landgraviat même ; & d'être
obligé d'accourir au plûtôt à la défense de
l'Electorat d'Hanovre. Ce Prince ne renon-
ça pas aux diversions ; & soit qu'il se flat-
tât d'engager par-là M. de Contades à affoiblir son Armée, soit en laissant sur le Rhin
quelques Régimens qui devoient joindre le
Maréchal, soit en renvoyant quelques-uns des
Régimens qui l'avoient déjà joint ; ou qu'il
esperât de faire quelques progrès dans cette
partie, il fit faire une incursion dans le Duché de Berghe. Il ne réussit dans aucune de
ses vûes.

Vers la fin du mois de May, plusieurs
détachemens de Troupes légères Hanovriennes ayant fait des courses dans le Duché de
Berghe, le Marquis d'Armentières envoya le
30. du même mois à Dusseldorp un renfort
composé des deux Bataillons de la Couronne & du Régiment de Cavallerie de la Reine : ils campèrent sous le glacis de la Ville.

Le Marquis de Sourches, Lieutenant-
Général, Commandant pour le Roi dans
Dus-

Dusseldorp, & très-attentif à la sûreté de la Partie qui lui a été confiée, envoya le 1. Juin à Lennep, une Compagnie de Grenadiers de la Couronne, cent Fusiliers & 40. Maîtres du Régiment de la Reine, aux ordres de M. de Crusol, Capitaine de Grenadiers dans le premier de ces Régimens, & Officier qui joint les lumières à l'expérience. Il eut ordre de s'arrêter à Solinghen, ou à Lennep aussi longtemps, qu'il le jugeroit nécessaire pour le bien du Service. Le Comte de Chabo couvroit avec la Légion Royale, le reste du Duché de Berghe jusqu'à la Wipper. Le Comte de Montfort, Capitaine au Régiment de Provence, étoit en Garnison à Elberfeldt avec 120. hommes de son Régiment, & une trentaine de Volontaires de la Légion Royale. Un autre Détachement de 250. hommes du Régiment de Provence étoit à Mettman à 2. lieues en avant de Dusseldorp.

Telles étoient les dispositions faites pour la sûreté du Duché, leur objet étoit d'arrêter les courses des Ennemis, ou d'éclairer leurs mouvemens, en cas qu'ils s'y portassent en force.

Le 3. Juin à 6. heures du soir, le Prince Héréditaire de Brunswick, après avoir fait plusieurs voyages au Quartier-Général du Prince son Oncle, & avoir eu avec lui plu-

sieurs

fieurs conférences fecrettes, partit d'Unna avec un Corps d'Infanterie, de Cavallerie & de troupes légères, au nombre de 3400. hommes. Outre l'Artillerie des quatre Bataillons, qu'il avoit avec lui, il fe fit fuivre par quelques Piéces de 16. Ce Corps fe porta par Schwiert, Alt-Hungen & Schwelm à Elberfeld fur la Wiper, où il arriva le 5. à 7. heures du matin. Son Avant-Garde enleva ou fabra les Poftes qui étoient aux Portes. M. de Montfort n'en eut la nouvelle qu'en fe voyant attaqué lui-même. Il fit toute la réfiftance poffible; mais enfin il fut enveloppé, bleffé, & fait Prifonnier. Prefque tout fon Détachement eut le même fort, & fes débris fe fauvèrent à Mettman, d'où le Détachement de Provence fe replia fur Duffeldorp. Les Prifonniers François au nombre desquels étoient 2. Capitaines & 3. Lieutenans, furent d'abord envoyés à Schwelm, à Unna, & enfuite à Munfter.

Dès que le Chevalier de Groslier, Maréchal de Camp, eût appris cette nouvelle, il envoya au Comte de Chabo, & à M. Crufol ordre de faire leur retraite avec les Troupes qui étoient à leurs ordres, & elles rentrèrent dans Duffeldorp l'après-midi du 6.

On y étoit fans inquiétude, parce que cette Ville eft affez bien fortifiée pour n'avoir pas à craindre un coup de main: les Magafins y
étoient

étoient seuls exposés. Mais Elberfeld n'étant qu'à 7. lieues de cette Ville, & Cologne n'en étant éloignée que de 10., & où il n'y avoit d'ailleurs que deux Bataillons de Milices, le Prince Héréditaire menaçoit également ces deux Villes, & le peril pour Cologne prédominoit.

M. de Torci Lieutenant‑Général, Commandant pour le Roi dans cette Ville, & sans‑cesse occupé du bien du service, n'avoit pas manqué de représenter auparavant, combien Duytz, son Pont & ses Magasins étoient exposés, & il avoit déja réparti quelques Détachemens de Milices dans les villages des environs de Duytz, pour prévenir toute surprise.

L'Invasion d'Elberfeldt rendit le péril plus pressant, & il réitéra ses représentations. Le Chevalier de Groslier reçut en conséquence de M. d'Armentières, l'ordre d'y conduire les Régimens de la Couronne & de la Reine. Ils partirent de Dusseldorp le 7. à 3. heures du matin: & ils arrivèrent à Cologne le même jour. La Légion Royale, qui avoit passé le Rhin, & s'étoit rendue à Neuss, occupa Wering, borda le Rhin, & poussa ses Patrouilles jusqu'auprès de cette Ville. Le Régiment de Lochman partit de Wezel le même jour, & par une marche mémorable vint coucher à Dusseldorp. A Cologne l'Arcenal fut vuidé, les remparts & les bords du Rhin furent garnis de Mortiers & de gros Canon.

Canon. Le Pont de Batteaux a été remonté & placé dans un endroit beaucoup plus fûr; un Bataillon de la Couronne fut jetté dans Duytz. Le Marquis d'Armentières se rendit lui-même à Dusseldorp, transporta son Quattier-Général à Urdingen, & y rassembla une partie de ses Troupes. On prit en un mot toutes les précautions, qu'il fut possible de prendre pour la sûreté du Pays, des Bureaux & des effets du Roi.

Tandis qu'on prenoit ces sages mesures à Cologne & à Dusseldorp, les Hanovriens s'avancèrent jusqu'à Mettman & à Lenep. De Mettman ils se portèrent jusqu'à Geretzheim, abandonnant le chemin de Duytz, ils envoyèrent un Trompette à Dusseldorp pour demander les contributions dûes depuis l'année passée. Le Marquis d'Armentières fut consulté sur la réponse, qu'on lui feroit. Il conseilla à la Régence de n'en faire aucune, & d'amuser le Trompette. Le Prince Héréditaire en envoya un second, qui ne fut pas expédié plûtôt. Le Marquis d'Armentières promit à cette Régence de prendre pendant ce temps-là les mesures les plus promptes pour la délivrance du Duché. Cependant les Houssards Hanovriens étendirent leurs courses jusques à Wimmerkircke, à l'Agger & à Siegberg même, éxigeant par-tout des vivres, des fourages & des contributions. A peine pou-

voit-

voit - on diftinguer à leurs Haillons, s'ils étoient des Houffards verds, bleus ou noirs.

Soit que le Prince Héréditaire jugeât avec raifon, qu'il lui étoit impoffible de faire des progrès dans le Duché de Berghe, foit que le Prince fon Oncle eût befoin de fes Troupes, pour l'aider à conjurer l'orage prêt à fondre fur lui du côté de Buren, il reprit la route de la Roer & du Comté de la Marck, par Hattingen, Bockum & Dortmund. Il laiffa 800. hommes de Troupes légères à Lengenbert pour couvrir fa retraite, & il amena avec lui dix otages.

M. de Conflans partit le 9. de Duffeldorp avec une partie de la Légion Royale, & le même jour le Comte de Chabo reçut ordre de repaffer le Rhin avec le refte de cette Légion: ils fe mirent à leur pourfuite; mais ils étoient trop éloignés pour qu'on pût les joindre. Le Marquis de Sourches envoya des Houffards à Mettman & à Elberfeldt pour fçavoir fi cette Partie étoit bien nettoyée d'ennemis: ils n'y en trouvèrent aucun. Le Régiment de la Reine remplaça à Wering, la Légion Royale. Le Marquis d'Armentières fe fit rejoindre par les Troupes de fa Réferve. Ainfi finit une Expédition, qu'il ne convenoit pas d'entreprendre, ou dont il convenoit de tirer un meilleur parti.

M. de

M. de Saint-Pern ayant à ſes ordres, 10. Bataillons de Grenadiers, & la Brigade d'Infanterie d'Aquitaine, précéda la prochaine marche de l'Armée, & partit le 5. du mois de Juin des environs de Marbourg, pour ſe rendre à Nieder- & Ober-Wetter, le 6. à Frankenberg, & le 7. à Nieder- & Ober-Orcken, où il ſéjourna, & le 9. il campa à Immingshauſen, à une lieue de Corbach.

L'Armée ſuivit le lendemain cette Avant-Garde, & quitta le 6. le Camp de Nieder-Walcheren, pour aller camper le même ſoir à Ober-Wetter ſur le Vetzſchafft, le 7. à Frankenberg, & le 8. à Sachſenberg, où elle ſéjourna le 9.

Le Marquis d'Auvet marcha en même tems avec 4. Bataillons, un Régiment de Cavallerie & les Troupes légères, de Battemberg à Hallenberg ; le 7. il arriva à Medebach, Ville du Duché de Weſtphalie ; il y ſéjourna le 8. & il en partit le 9. pour rentrer dans le Comté de Waldeck, & aller à Nieder-Schleideren, à une lieue de la même Ville de Corbach ſur la gauche.

La Réſerve de M. de Broglie partit de Iontershauſen pour aller camper à Treyſa. Les poſtes avancés que l'Ennemi avoit en avant de l'Eder, ſe replièrent le même jour à Fritzlar & à Feltzberg, derrière cette petite rivière. Le 8. cette Réſerve y ſéjourna,

&

& eût le plaisir de voir arriver le Duc de Broglie pour en reprendre le Commandement, & le 9. il la conduisit à Ober-Urff.

Tandis que le Prince Héréditaire de Brunswick s'amusoit de sa frivole Expédition de Geretzheim, & à faire voyager inutilement les Régimens de Provence, de la Couronne, de Lochman, de la Reine, & la Légion Royale, le Prince son Oncle faisoit au centre, & à la droite de son Armée, des Dispositions plus sérieuses, plus importantes, mais trop tardives.

Le Maréchal de Contades s'éloignoit de la Wétéravie, avoit pris la route directe de Paderborn ou de Lippstadt, & laissoit sur sa droite, à la Réserve de Broglie, l'honneur de conquérir la Hesse. Il retournoit dans la Westphalie par un long détour, il est vrai ; mais ce détour étoit propre à trancher bien des difficultés.

Pour remédier à un danger, qui devenoit de jour en jour plus pressant & plus général, le Prince Ferdinand fit sortir, ou de leurs Quartiers de Cantonnement, ou de leurs petits Camps, toutes les Troupes qu'il avoit le long de la Lippe, à Lunen, Kamen, Dormund, Unna & Werle, pour les porter à Soest, Anrucht, Ruden & Buren, laissant néanmoins sur sa gauche, un Corps respectable aux ordres du Général Wangenheim.

Ce

Ces Troupes furent groffies par celles que le Général Imhoff ramena de la Heffe. Le Corps à fes ordres étoit compofé de 6. Efcadrons & de 5. Bataillons Hanovriens, de 10. Efcadrons & de 5. Bataillons Heffois, & d'un Bataillon de la Lippe-Buckebourg, fans compter les Chaffeurs, les Houffards, & les Volontaires de Schutzen. Le 8. ce Général avoit abandonné Fritzlar avec tant de précipitation, qu'il y laiffa trois Piéces d'Artillerie. De Caffel il fe porta par Lichtenove & Warbourg fur Paderborn; & le 11. il entra en Ligne du Camp de Buren.

L'Armée Françoife laiffa Fritzlar fur la droite, & prit fa route par Corbach, Ville de la dépendance du Comté de Waldeck; & après avoir féjourné le 9. à Sachfenberg, elle fut camper le 10. en avant de cette Villes, fa droite étant appuyée à la hauteur du village de Strole, & la gauche à celle du village de Lelbach. Par-là elle fe procura la facilité de tourner fur Caffel & fur Warbourg, fi la Réferve de Broglie eût eu befoin de renfort; de fe porter fur Stadberg, petite Ville ou Bourg entouré de montagnes, fitué dans le haut Duché de Weftphalie, fur le grand chemin de Waldeck à Paderborn, ou de marcher fur Anrucht, Soeft & Lippftadt, fi les circonftances l'avoient éxigé.

No. IX.

MEMOIRES
POLITIQUES & MILITAIRES,
POUR SERVIR à
L'HISTOIRE
DE NOTRE TEMS.

No. (IX.)

SUITE DES OPÉRATIONS DES ARMÉES FRANÇOISES EN ALLEMAGNE.
EN 1759.

Mais pour laisser l'Ennemi incertain sur la véritable route que l'Armée devoit suivre, M. le Maréchal fit partir le même Jour, 10. Juin, le Corps aux ordres du Marquis d'Auvet, de Nieder-Schleideren, pour prendre Poste à Rhenen, petit Bourg, qui donne son nom au ruisseau qui le baigne: M. d'Auvet occupa ce Poste, & poussa devant lui le Régiment de Turpin, sur le chemin de Stadtberg. En même temps le Marquis de Saint Pern partit d'Imminghausen avec sa Réserve, pour aller par la gauche à Sachsenhausen, poussant devant lui le Régiment de Berchini, sur le chemin de Corbach à Warbourg.

 Le

Le Duc de Broglie avoit fait occuper le 9. le poſte de Fritzlar, que le Général Imhoff avoit abandonné la veille. Il y avoit fait entrer 18. Compagnies de Grenadiers, commandées par le Marquis de Boufflers, les Carabiniers de la Cavallerie de ſa Réſerve, les Dragons d'Apchon & de Schomberg, les Volontaires de Naſſau & de Clermont-Prince. Tout ce Détachement étoit aux ordres du Comte de Broglie, Maréchal de Camp & Frère du Duc. Ce Comte le pouſſa juſqu'auprès de Nieder-Zwerne, à une petite lieue de Caſſel; & le Duc porta en même temps ſa Réſerve du Camp d'Ober-Urff à celui de Durſten.

Le Général Imhoff en abandonnant Caſſel, Ville ouverte au reſte & où il ne pouvoit ſe maintenir, y avoit laiſſé trois Régimens d'Infanterie Hanovrienne, un Regiment de Dragons, & quelques Chaſſeurs, avec ordre de ſe retirer à Munden, aux approches des François: ce qu'ils éxécutèrent la nuit du 9. au 10. Le Comte de Broglie inſtruit de leur départ, entra dans Caſſel à 10. heures du matin, ne fit que traverſer la Ville, & ſe porta tout de ſuite ſur les hauteurs de Munden.

Le Duc, dont la Réſerve campoit déjà, après avoir fait une longue marche, auprès de Caſſel, le vint joindre; & il porta ſans perte de temps le Détachement ſur Munden,

qu'il

qu'il trouva évacué par les Hanovriens. Il occupa ce Poste important, où le Prince Ferdinand avoit rassemblé de très-riches magasins de toute espèce.

Ce Prince avoit établi à Cassel & à Munden ses deux principaux Hôpitaux Militaires. Le premier avoit été replié sur Gottingen, & le second descendu à Minden, dès que le péril devint plus pressant.

Ce Munden, on ne sçauroit trop le répéter, est à 5. lieues de Cassel, sur le Confluant de la Fulde & de la Werra, dont les eaux réünies perdent leur nom, & forment le Wezer. Cette Ville est fortifiée, de la dépendance de l'Electorat d'Hanovre, & différente de Minden sur le même Fleuve, Capitale de la Principauté de ce nom; de Munder, qui est dans le Duché de Calenberg, du même Electorat; & de Menden, qui est sur la Roer, & de la dépendance du Duché de Westphalie.

Par la perte de Cassel, il ne reste pas un pouce de terrain à l'infortuné Landgrave de ce nom, depuis le Main, le Rhin & la Werra: telle est l'éclattante vengeance que les François ont déja prise sur lui, de la rupture de la Convention de Closter-Seven. Ce Prince ne trouvant plus de sûreté pour sa Personne, ni à Rintelen, ni à Brême, est allé chercher un nouvel asyle à Hambourg.

Je

Je ne dis pas qu'il pourroit s'y retrouver avec quelques-uns de ſes Alliés ; mais je penſe que c'eſt acheter bien-cher l'alliance, de la Cour de Londres & ſes Subſides.

Les progrès que la Réſerve de Broglie fit ſur le Wezer, jetterent la conſternation dans tout l'Electorat d'Hanovre. Les Habitans des lieux les plus expoſés ſe retirèrent dans la Capitale, & les plus riches Habitans de la Capitale ſe préparoient à ſe réfugier à Stade, ou à Hambourg, ou dans le Holſtein. Ces allarmes diminuèrent, lorſqu'on apprit que cette Réſerve ſe replioit ſur ſa Gauche, & rejoignoit ſa grande Armée.

La Régence d'Hanovre avoit fait de fréquentes inſtances auprès du Prince Ferdinand, pour l'engager à abandonner la Weſtphalie, à repaſſer le Wezer, & à ſe borner à défendre l'Electorat. Ces inſtances furent inutiles ; Le 2. Juin il avoit aſſemblé ſes Généraux pour leur notifier les ordres, qu'il avoit reçus des Rois d'Angleterre & de Pruſſe, de défendre le terrain pié-à-pié, & pour les exhorter à le ſeconder dans leur éxécution. Rien n'a pû le détourner de cette penſée.

On s'attendoit, eh qui ne s'y ſeroit pas attendu ! que d'après ce plan, ce Prince auroit défendu les défilés de Statberg, qui ſont de ce côté-là la clef de l'Evêché de Paderborn. Ces défilés ſont affreux, on ne peut y
paſſer

paſſer en beaucoup d'endroits qu'un à un;
le temps étoit encore plus affreux, & le fa-
voriſoit.   Il avoit envoyé en avant aux ordres du Général de Wutgenau, un Corps
aſſez nombreux, pour en diſputer le paſſage aux plus nombreuſes Armées.   S'il les
eût défendus, il auroit fallu perdre, pour
le tourner, environ quinze jours de temps &
de peines.   L'événement a prouvé que ce
Prince, quel qu'en ait été le motif, ne voulut pas les défendre, puiſque le 9. il n'y
laiſſa que quelques Chaſſeurs.

Le 10. le Régiment de Turpin y pénétra, & ces Chaſſeurs ſe retirèrent,   Il y fit
quelques Priſonniers, mais fort peu.

Le 11. le Corps commandé par le Marquis d'Auvet, ſe porta près de ces défilés;
& non ſeulement M. de Turpin s'en empara; mais encore il entra dans Statberg.
Après cette conquête, petite en elle-même,
mais des plus eſſentielles par ſes ſuites, on
ne s'appliqua qu'à ouvrir des routes pour toute l'Armée.

Le Prince Ferdinand ne tarda pas à s'ap-
percevoir & à ſe repentir de cette négligence.   Il l'excuſa ſur ce qu'il n'avoit pas eu
des Informations aſſez exactes de la dernière
marche des François.   Il fit ſon poſſible pour
y remédier, il mit en mouvement toute ſon
Armée; il la ramena à Buren, où elle étoit,

I 3   à l'ex-

à l'exception de la Réserve aux ordres de M. de Wangenheim, & de celle du Prince Héréditaire de Brunswick, qui étoit à Rhuden, toute raffemblée le 14. mais trop tard. Cette Porte de la Weftphalie, & fur-tout des quatre Evêchés étoit ouverte à l'Armée du Maréchal de Contades, quand l'Ennemi fe préparoit à la lui fermer.

Dès le 13. à 4. heures du matin, l'Armée Françoife fe mit en mouvement de Corbach fur fix Colomnes ; à 9 heures elle eut paffé les défilés; elle fe forma en avant fur les hauteurs, & fur la rive droite de la Dimel.

Cette rivière prend fa fource au deffus d'Ellericshaufen ; eft groffie, au deffus de Statberg, par plufieurs ruiffeaux, entre autres par l'Ittelsbach, qui eft affez confidérable, & fe jette dans le Wezer au deffus de Beverungen. Elle n'eft ni fort large, ni fort profonde, mais par l'encaiffement des rochers, dans lefquels elle coule, elle forme des défilés très-difficiles à faire paffer une Armée, pour peu qu'ils foient défendus. Celle de France campa auprès de Statberg, ayant devant elle cette Ville & cette rivière.

Le même jour 13. la Brigade d'Infanterie d'Orléans, le Régiment de Cavallerie de Noë, & les Volontaires de Dauphiné, toûjours aux ordres du Marquis d'Auvet, Maréchal

réchal de Camp, paſsèrent la Dimel, & oc-
çupèrent le village d'Eſſen, qui eſt à la ſortie des défilés, & au commencement. de la
plaine. M. d'Auvet en arrivant à Eſſen envoya occuper le village de Forſtemberg, à
une petite demi-lieue de Winnenberg, l'un
& l'autre de l'Evêché de Paderborn, par
100. Volontaires d'Infanterie aux ordres de
M. de Chateau-Thierri, Capitaine au Régiment de Rochefort. Le Régiment de Turpin, & les Volontaires de Dauphiné ſe portèrent en avant d'Eſſen, pour ſoûtenir le
Détachement avancé. Les Brigades d'Infanterie de Condé & de Rouergue paſsèrent
auſſi la Dimel, & campèrent ſur la rive
gauche pour ſoûtenir l'Avant-Garde. On
fit dans cette marche 66. Priſonniers.

M. de Contades inſtruit que le Général
Imhoff s'étoit réüni au Général Wutgenau,
avec les Troupes qu'il avoit ramenées de la
Heſſe, & qu'ils campoient avec les autres
Corps, dont j'ai parlé, ſous Buren à quatre petites lieues d'Eſſen & des défilés de la
Dimel, & ſçachant d'ailleurs l'Armée ennemie en mouvement de toutes parts, craignit
avec raiſon qu'après que ce Prince auroit
joint ces deux Généraux, il ne ſe portât à
Eſſen le 14. par une marche forcée, & ne
s'emparât avec des forces ſupérieures en nombre, des défilés de Statberg.

I 4   Cette

Cette crainte étoit d'autant mieux fondée, que le 13. beaucoup de Troupes étoient arrivées au Camp d'Anrucht, ainſi qu'on l'a dit, & qu'elles en partirent le 14. après midi pour celui de Buren où une bonne partie de leurs Troupes les avoit devancées, & où preſque toute l'Armée des Alliés ſe trouva raſſemblée le même jour, à l'exception du Corps qui étoit à Ruden.

Ainſi la jonction, que le Maréchal craignoit, s'étoit déja effectuée, quoique tard; mais la marche forcée qu'il redoutoit auſſi, n'eût pas lieu.   Monſ. de Contades réſolut de paſſer ces défilés en force ; pour s'affranchir d'une inquiétude d'autant plus juſte, que le danger étoit preſſant, puiſque le Poſte de Forſtenberg différent d'un autre village de même nom au delà du Wezer, fut attaqué & emporté dans la nuit du 13. au 14. par un Corps conſidérable de Chaſſeurs Hanovriens, ſoutenus par un parti de leurs Houſſards.   Ils pouſsèrent très-vivement les Volontaires de Chateau-Thierry, ce Commandant fut bleſſé d'un coup de Fuſil à la cuiſſe, mais il monta à cheval, ſe mit à la tête de ſon Infanterie, & rallia ſa Troupe malgré la quantité de ſang qu'il perdoit, ſecondé par M. Turpin, qui au bruit de la Mouſqueterie accourut à ſon ſecours avec ſon Régiment & les Volontaires de Dauphiné.

Il

Il attaqua brusquement les Ennemis, reprit sur eux les Prisonniers & le Poste, fit à son tour 34. Prisonniers sur eux, parmi lesquels étoient deux Officiers, leur tua beaucoup de monde, & les poursuivit jusqu'à Buren.

Mais tandis que dans la matinée du 14. Juin les Alliés se rendoient par plusieurs endroits au Camp, qu'ils avoient sous cette Ville, pour se porter le lendemain avec leurs forces réünies au débouché des défilés, M. le Maréchal les avoit déja prévenus: ces gorges étoient passées.

Son Armée s'étoit mise en marche au point du jour sur six Colomnes, sans campemens & sans équipages. Six Détachemens de l'Artillerie du Parc formoient la tête de chacune de ces Divisions. On eut achevé de déboucher les gorges des défilés de Stadtberg, & l'Armée entière fut rangée en Bataille, à neuf heures sur deux Lignes & avec 62. Piéces de Canon sur le front, la Droite appuyée au village de Meerhoff, & la Gauche au bois d'Essen.

Mons. de Contades voyant, que le Prince Ferdinand étoit encore éloigné, fit camper l'Armée en avant du terrain, où elle s'étoit mise en Bataille. Il appuya sa Droite aux grands bois, qui s'étendent jusqu'au-delà de l'Abbaye de Dalem. Meerhoff où il avoit établi le Quartier-Général, étoit derrière la Droite de la seconde Ligne. La Gauche étoit pareillement appuyée aux bois du village d'Essen.

Les Dragons, aux ordres du Duc de Chevreuse, leur Colonel-Général, auxquels on réünit le Corps de Troupes, que le Marquis d'Auvet avoit commandé jusqu'alors, campèrent à Forstenberg ; Turpin & les Volontaires de Dauphiné à Winnenberg ; les Grenadiers de France & Royaux, avec la Brigade d'Aquitaine entre Forstenberg & la Gauche du Camp, dont ils étoient très-proche, pour soûtenir le Corps du Duc de Chevreuse.

Voilà donc enfin l'Armée Françoise sur le territoire de Paderborn, & à peu de lieues de cette Capitale. Elle n'y arriva qu'avec une peine extrême. La pluye étoit si abondante, & les chemins si mauvais, que le 14. elle ne fit que deux lieues en 7. ou 8. heures de temps. Dès que le Camp fut formé & les tentes dressées, l'Infanterie se jetta dans les bois qu'elle avoit à droite & à gauche, pour faire du feu, se sécher & se réchauffer. Les équipages n'arrivèrent qu'à minuit. La difficulté des chemins & la rapidité de la marche de l'Armée retardèrent beaucoup la grosse Artillerie & les Convois de vivres ; il fallut établir des Magasins

gasins dans le Comté de Waldeck & dans la Hesse, & des fours à Paderborn ; ces difficultés occasionnèrent un repos de huit jours au Camp de Meerhoff.

La Réserve du Duc de Broglie arriva aussi le 14. à Kleinenberg, du territoire de Paderborn, & à trois lieues de la Droite de l'Armée. Pendant sa route, les Détachemens de cette Réserve s'emparèrent de Magasins aussi riches par le nombre, que par la quantité des subsistances ramassées pour les Alliés à Cassel, à Draunfelds, à Munden, à Wilzenhausen, à Melsungen, à Warbourg, à Beverungen, & dans d'autres lieux sur le Wezer, ou dans l'Evêché de Paderborn. Ils enlevèrent aussi sur le même fleuve un Convoi de 24. Batteaux chargés de grains & de Provisions de bouche pour la même Armée : tout ce butin montoit à plusieurs millions.

Les 4. Régimens que le Général Imhoff avoit laissés à Cassel, qui delà s'étoient repliés sur Munden, & qui depuis l'évacuation de Munden avoient campé près d'Heimbeck, aux ordres du Général Port, se jettèrent le 16. du même mois dans Hamelen, où on transporta d'Heimbeck les Magasins, qu'on y avoit assemblés pour les Alliés.

Le Prince Ferdinand, arrivé trop tard à Buren, pour arrêter les François aux gorges des défilés de Stadtberg, ne jugea pas à propos

propos de faire un long féjour dans fon Camp de Buren. Cette Ville, que les Jéfuites ont acquife fans bourfe délier, & par un legs pieux, qui leur donne le titre & les droits de Barons libres & immédiats du Saint-Empire, où ils exercent la haute, moyenne & baffe Juftice comme les autres Princes du Corps Germanique, à raifon de laquelle plus de 30. terres Seigneuriales relèvent d'eux, & dont ils ont fait la Maifon Profeffe de leur Province d'Allemagne, cette Ville, dis-je, couvroit la Gauche du Camp des Alliés, appuyée au Château de Brencken; la Droite s'étendoit fur l'alignement de Rhuden, où campoit la Réferve du Prince Héréditaire de Brunswik. Le front du Camp avoit l'avantage d'être couvert par des bois & des ravins fur fa Droite, & le défavantage de pouvoir être abordé fur fa Gauche par Ober & Nieder-Turp; mais une attaque fur ce point n'étoit pas fans d'autres grandes difficultés.

Le Maréchal de Contades les leva toutes par le projet qu'il forma, de tourner les deux Ailes de ce Camp, de lui couper la Communication avec Lipftadt & avec le haut Wezer, & d'obliger le Prince Ferdinand à reculer de lui-même.

Le Duc de Broglie, après avoir pourvû à la fûreté de Caffel, où il laiffa le Baron

de

de Waldner, Maréchal de Camp & une Garnison de 4. Bataillons & de deux Escadrons, porta sa Réserve à Kleinenberg, delà à Lechtenhowe, où il séjourna le 12. & enfin sur les hauteurs d'Ettelen, aux environs de Nord-Borcken, entre Buren & Paderborn, où il arriva le lendemain. Le Duc fut d'abord reconnoître le ruisseau d'alme, qui après avoir pris sa source dans le Bailliage d'Almen, & avoir été grossi par les eaux du Ruisseau de Nette, se jette dans la Lippe à Paderborn. Ce ruisseau couvroit la Gauche de l'Armée des Alliés, & la séparoit de Buren. Le Duc de Broglie fit occuper Paderborn par ses Troupes légères; & le 20. il y fit entrer le Régiment d'Apchon & les Volontaires de Nassau, poussant les Troupes légères en avant sur Bock.

Les manœuvres des Troupes sur la Gauche répondirent à celles qu'on faisoit sur la Droite. Le même jour 18. Juin, le Corps de Fischer déboucha de Brillon, & se portant par Kaldelart & Belick sur Effelen, Villes-du Duché de Westphalie, il tourna la Droite de l'Armée Hanovrienne, & se porta sur ses derrières entre Rhuden & Anrucht, pour intercepter sa Communication avec Lippstadt.

Le Prince Ferdinand se voyant embrassé par ses deux Ailes, & à la veille de perdre

toute

toute Communication avec le haut Wezer, & avec la Partie de l'Evêché de Munster, qui est sur l'Embs, prit enfin le parti de la retraite. Il s'y préparoit; déja il avoit fait prendre les devans aux gros Bagages de l'Armée; & la nuit du 18. au 19. il la fit camper entre Lippstadt & Ervette. Le 20. il fit passer la Lippe à son Avant-Garde & à son Artillerie, conduites par le Général Imhoff. Le lendemain le Prince conduisit lui-même le gros de l'Armée; & le Prince Charles de Bevern fit l'Arriere-Garde avec les Houssards Prussiens & tous les Grenadiers. Cette Armée défila sur deux Ponts jettés sur la Lippe, & fut camper auprès de Rittberg sur deux lignes. Elle occupa sur la rive gauche de l'Embs le terrain, qui est depuis Neukirchen dans le Comté de Rittberg, sur le chemin de Paderborn à Bielfeldt, & où étoit la Droite, jusqu'à Wiedenbrugg dans le Comté de Teclenbourg, où étoit la Gauche. Le Prince prit son Quartier-Général au Château d'Oberhagen.

Les Troupes légères de France se répanditent de Droite & de Gauche à Helmeren, Wevelsberg, Nieder- & Ober-Turp, Brencken, Buren, Rhuden & Effelen jusqu'à Gesecke. Elles prirent Poste dans tous ces endroits. Elles poussèrent même leurs reconnoissances jusqu'auprès de Rittberg; mais cela

cela n'empêcha pas les Hanovriens de se
maintenir dans les Postes avancés, qui couvroient ou Lippstadt ou leur Camp sur la
Lippe & sur Hastenbecke, ruisseau qui coule entre cette rivière & l'Embs, & se jette
dans la Lippe à Bonickhausen.

Le Marquis d'Armentières attendoit que
le Maréchal de Contades rentrât dans la Westphalie par Statberg, pour y rentrer lui-même du côté de Dulmen. Ce Lieutenant-Général déboucha le 16. de Wezel, & il campa à Schermbeck, à trois lieues en avant
de cette Forteresse. La veille, le Prince de
Baufremont, Lieutenant-Général, avoit levé
son Camp de Calcar, passé le Rhin & cou-
ché à Meer. Le 16. il se réünit à la Réserve d'Armentières, forte de 16. à 17000.
hommes, sans compter le Légion Royale,
qui étoit à Dorsten, aussi sous ses ordres.
Le Général Wangenheim qui campoit en
avant de Dulmen, jugea à-propos de se re-
trancher, de changer la Position de son Camp,
d'en couvrir le front par la Ville de Dulmen,
& de rompre les Ponts & les chemins, par
lesquels on pouvoit aller à lui.

M. de Cambefort, Officier de la Garnison de Wezel, qui s'étoit si fort distingné
pendant le Quartier d'hyver, par les courses fréquentes & utiles, qu'il avoit faites contre l'Ennemi, en fit une nouvelle, & lui
prit

prit a Borcken , à Raesveldt & à Heyden près de Dulmen, différent du village de même nom fur la Lippe entre Halteren & Wezel , une vingtaine de Chaffeurs de Houffards Pruffiens, & autant de chevaux.

Le 22. la Brigade d'Aquitaine, & le 23. celle de Picardie , entrèrent dans Paderborn pour y protéger la conftruction des fours & l'établiffement des Magafins.

Le même jour , 23. Juin , la Réferve de Broglie partit d'Ettelen, pour aller camper à Nienhus, ou Neuhaus fur la Lippe , en avant de Paderborn.

L'Armée partit le 24. de Meerhoff fur fix Colomnes pour venir camper auprès de cette Ville ; la Droite fut appuyée fur Paderborn même, ou le Quartier - Général fut établi, & la Gauche au village de Wever. Elle effuya pendant fa marche une pluye abondante & continuelle. Son Arrière - Garde n'arriva qu'à 3. heures de l'après - midi, fes équipages & fon Artillerie n'arrivèrent que le lendemain.

Le même jour, le Corps de Troupes aux ordres du Duc de Chevreufe , qui mefuroit fes marches fur celles de l'Armée, tranfporta fon Camp de Forftemberg à Buren.

No. X.

MEMOIRES
POLITIQUES & MILITAIRES
POUR SERVIR à
L'HISTOIRE
DE NOTRE TEMS.

No. (X.)

SUITES DES OPÉRATIONS DES ARMÉES FRANÇOISES EN ALLEMAGNE EN 1759.

Le Camp de Paderborn avoit deux défavantages pour la Cavallerie, considérables, mais forcés, il étoit éloigné de deux lieues de l'eau & de trois du fourage. Il n'avoit pû être porté en avant de cette Ville, à cause de la proximité des Postes ennemis, mais le Maréchal de Contades pour affranchir l'armée de ces deux inconvéniens, ordonna le 26. une attaque générale de tous ces Postes.

Le Pont de Bock, Bourg sur la Lippe, à 3. lieues au dessus de Lippstadt sur le chemin de Paderborn, étoit occupé par un fort détachement de la Garnison de la première de ces deux Places. Il fut pris le 20. par les François, & repris le lendemain par les

Prus-

Pruſſiens qui jettèrent dans Bock 400. de leurs Volontaires, commandés par le Baron de Dreimbach. Le Régiment de Berchini, 200. Volontaires du Comte de Muret conduits par lui-même 150. Grenadiers de Prague, furent commandés le 26. pour attaquer de nouveau ce Poſte. Ce Détachement étoit aux ordres du Comte de Berchini. Bock fut attaqué, canonné par les piéces de M. Muret, abandonné par les Pruſſiens, & occupé par les François, qui s'y maintinrent.

Il n'en fut pas de même de Delbrugg, village ſitué ſur le ruiſſeau d'Haſtenbeck, entre Paderborn & Rittberg. Ce poſte important attaqué le même jour, & emporté par le Comte d'Apchon ayant à ſes ordres, les 2. Compagnies de Grenadiers de Royal-Deux-Ponts, 290. Dragons de ſon Régiment, les Volontaires de Clermont, Prince, 100. Houſſards de Turpin. Le but du Comte d'Apchon étoit d'enveloper les Pruſſiens ; & ſi la diſpoſition qu'il avoit faite, en les attaquant en même temps, par trois différens endroits, avoit eu lieu dans toutes ſes parties, il ne leur fût reſté aucun chemin pour la retraite. Enfin après une longue & vigoureuſe défenſe, ils furent forcés & mis en fuite, laiſſant 15. Chaſſeurs priſonniers, & un pareil nombre de tués & de bleſſés. Ils furent auſſi délogés de Haupt, autre poſte ſur la même

route

route de Paderborn à Rittberg. Mais cet échec ne les empêcha pas de revenir la nuit suivante avec des forces plus nombreuses, & d'attaquer ces deux postes, qu'il reprirent, & qu'ils gardèrent jusqu'à ce que le Corps de M. de Chevreuse les en délogeât de nouveau.

Un autre Corps, aux ordres du Chevalier de Muy, Lieutenant-Général, se porta sur la bruyère qui est entre Hevel & Dedinghufen, aux sources de l'Haftenbeck & de l'Embs, pour reconnoître si le Camp ennemi étoit plus abordable en tournant les sources de l'Embs, ou en le paffant au deffous de ses sources. Le Chevalier de Muy ne rencontra que quelques Patrouilles ennemies qui s'enfuirent à ses approches; il rentra le même jour dans le Camp, & il donna à M. de Contades, tous les éclairciffemens qu'il attendoit de cette reconnoiffance.

Les Troupes légères firent d'autres mouvemens, & établirent un Cordon depuis Gezecke jufqu'à Lippfprinck & Ooftfchlangen. Il couvroit Paderborn, & le Pays, depuis cette Ville jufqu'à Beverungen.

Ce fut dans le Camp que la Réserve de Broglie se réünit à l'Armée, dont elle ne fit plus, pendant quelque tems, qu'une efpèce d'Aile droite.

Les fatigues que cette Armée avoit effuyées pendant sa marche, la jufte fermeté avec la-

quelle

quelle M. le Maréchal fait exécuter les ordonnances contre la Maraude, les inconvéniens du Camp de Paderborn, l'inconstance naturelle du Soldat François, occasionnèrent quelque désertion parmi ses Troupes; mais celle qui se glissa parmi les Hanovriens, & sur-tout parmi les Hessois, fut bien plus considérable. Son époque remontoit à la perte de la Bataille de Bergen, & les retraites perpetuelles qui avoient suivi cette Bataille, en étoient des causes & des occasions journalières.

Autre embarras pour le Prince Ferdinand: Une division énorme & publique régnoit entre ses Lieutenans-Généraux, & les Corps qui composoient son Armée. Peu d'Armées sont exemptes des poisons de ce monstre: la jalousie, la haine, l'ambition, l'amour propre, l'intérêt personnel, le mécontentement, quelquefois la trahison, souvent le zèle mal-entendu pour le service du Prince, l'amour peu éclairé de la Patrie, l'y introduisent & l'y nourrissent. Mais l'union & la bonne harmonie dans un Corps composé de Nations différentes, sur-tout quand les heureux succès ne secondent pas ses entreprises, sont sans exemple.

Dans l'Armée Hanovrienne, tous ces motifs se réünissoient à en bannir le concert & l'union. Les Hessois étoient indignés de ce que leur Patrie avoit été abandonnée à la discrétion des François: ils ne parloient que

de

de mettre bas les armes. Les Anglois très-indifférens fur le fort de la Heffe & de l'Electorat d'Hanovre, opinoient à garder le pays de Munfter & à s'y maintenir. Ils ne regardoient qu'avec horreur, leur retraite fur le Wezer & fur l'Elbe. La Régence d'Hanovre réitéroit inftance fur inftance, pour déterminer le Prince Ferdinand à fe borner à la défenfe de l'Electorat. Les Généraux Hanovriens trouvoient ces inftances juftes, les fomentoient en fecret, les juftifioient & les approuvoient ouvertement. Leurs allarmes n'étoient au refte que trop-bien fondées : elles l'é oient fur leurs échecs accumulés. Le Prince Ferdinand, très-heureufement fecondé par le Lord Sackville, eft venu à bout par fes fages exhortations, par fa patience & par fa politique, de réünir les Chefs & les Corps de fon Armée, que divifoient auparavant la méfiance, l'inimitié, des intérêts perfonnels ou nationnaux. Il les a déterminés à concourir avec un zèle égal, à la défenfe de la caufe commune. Il a ramené l'unanimité dans fes Confeils de guerre; il a banni le murmure de fon Armée; & fi cette bonne harmonie ne l'a pas empêché de faire des pertes, elle lui a procuré le moyen d'en réparer quelques-unes, & même de les mêler de quelques brillans fuccès. Sans cette unanimité eft-il poffible en effet, qu'une Armée,

K 3

quel-

quelque vaillante & quelque nombreuse qu'elle ſoit, remporte le moindre avantage ſolide? ſans elle les victoires & les conquêtes n'échapent-elles pas en un clin d'œil, des mains du Guerrier qui a été longtemps à les faire?

La néceſſité d'attendre l'arrivée des convois des vivres, & ſur-tout un convoi de pain qui venoit de Marbourg, retint l'Armée du Maréchal de Contades dans ſon Camp ſous Paderborn, juſqu'au 29. Juin qu'elle en partit pour aller, ſur ſix Colomnes, camper à Ooſtſchlangen, laiſſant à Paderborn ſes gros bagages & les éclopés de ſa Cavallerie. Ooſtſchlangen eſt un village du Comté de la Lippe entre Horn & Paderborn, & le Camp ennemi n'en étoit éloigné que de quatre lieues.

La Réſerve de M. de Broglie vint le même jour à Oſterloh, & celle du Duc de Chevreuſe, de Buren à Nienhus, pour couvrir Paderborn ; & on envoya des Détachemens ſur les villages d'Horweil & de Stuckenbrock d'où ils chaſſèrent les poſtes avancés des Hanovriens.

Le Prince Ferdinand avoit changé la poſition de ſon Camp, il en avoit appuyé la droite à Rittberg, & étendu la gauche ſur le chemin de Werle ; mais craignant, à la route que prenoit l'Armée Françoiſe, qu'elle ne lui coupât tous les chemins de retraite,

il

il décampa d'auprès de Rittberg. Son Avant-Garde partit le même jour à 9. heures du soir, le centre pendant la nuit, & l'Arrière-Garde entre 9. à 10. heures du matin, pour se porter, par Gutersloh, à l'Abbaye de Marienfeldt entre Hars-Winckel & Brayewede.

Le 29. M. Dorigny, Capitaine Aide-Major du Régiment de Champagne, rejoignit l'Armée. Il en avoit été détaché du Camp de Meerhoff, pour aller aux environs de Bielfeld, détruire des Magasins que les Hanovriens y avoient établis. Il s'en acquitta tout au mieux, quoique son Détachement ne fût pas considérable. Il brula pendant sa course, un convoi de 3000. rations de fourages, prit 5. Vivandiers & leurs charettes, intercepta un Courrier, se deffendit vaillamment contre un Corps de 400. Chasseurs, leur échappa à la faveur de la nuit & des montagnes & rapporta d'excellentes reconnoissances de la position de l'Ennemi.

Le même jour, 29. Juin, le Général Wangenheim partit de Dulmen, pour venir camper à Wolbech, près de Munster, & delà il rejoignit l'Armée du Prince Ferdinand à Osnabrugg. Le 5. Juillet, le Marquis d'Armentières porta sa Réserve sur Borcken, où il séjourna le 6. Le 7. il fut camper à Goesfeld ; un Détachement de 500. Chevaux & de 300. hommes à pied, sous les

ordres

ordres du Marquis de Conflans, faiſoit l'A-
vant-Garde de cette Réſerve.

Dès que M. de Contades eût appris le
départ de l'Armée du Prince Ferdinand, toutes les Troupes légères furent détachées à ſa
pourſuite. Elles lui firent des Priſonniers;
enlevèrent beaucoup de Chariots chargés de
Vivres, ou de Bagages, & recueillirent un
grand nombre de Déſerteurs, preſque tous
gens enrollés dans le Pays de Munſter.

Le Duc de Chevreuſe qui avoit porté le
Corps à ſes ordres, de Buren à Delbrugg, fit
avancer ſur Lippſtadt le 1. Juillet, 400. hommes de Cavallerie & d'Infanterie, & les Volontaires Liégeois. Ce Corps ſe donna pour
l'Avant-Garde du Duc, s'avança juſqu'à Lipperode, en délogea les Chaſſeurs & les Carabiniers de la Lippe-Buckebourg, & les re-
pouſſa juſques dans la Ville. Il répandit l'allarme parmi les Habitans des campagnes voi-
ſines, qui réfugièrent leurs Beſtiaux dans
Lippſtadt, & parmi ceux qui travailloient aux
Fortifications, qui y rentrèrent auſſi-tôt. Pendant une halte de deux heures à Lipperode,
le Colonel Hallet envoya le Chevalier ſon
Frère au Général Hardenberg, pour le ſommer de rendre la Place, & après cette démarche plus effrayante qu'utile, ce Détachement revint à ſon Poſte de Bock, qui reſta
occupé par les Volontaires de Flandres & de
Hallet,

Hallet, pour refferrer de plus en plus la Garnifon de Lippftadt.

D'autres Détachemens du Corps de Fifcher qui étoit à Detmold, furent pouffés
fur Bielfeldt. Le Comte de Turpin fe porta avec fon Régiment fur Rittberg, il intercepta un Courier qui portoit au Commandant que le Prince y avoit laiffé, l'ordre
d'évacuer la Ville & le Château, & il prit
dans cette courfe trente Chariots chargés de
farine. Le lendemain M. de la Noue de
Vert, Capitaine au Régiment d'Enghien ayant
à fes ordres les Volontaires de la Réferve de
Broglie, s'empara du Château de Rittberg
dont le Commandant ignoroit l'ordre intercepté du Prince Ferdinand. M. de la Noue
y fit Prifonniers de Guerre, 130. Grenadiers,
10 Cavaliers, un nombre confidérable de
Malades Anglois, & le Commandant de la
Place.

Le même jour le Lieutenant-Colonel Nar-
cinsky, qui commandoit 4. Efcadrons de
Houffards à Guterfloh, attaqua un Détachement des Dragons de Berchini & de Turpin, qui comptoit de l'y furprendre. Il le
pouffa dans des marais d'où il eut de la peine à fe tirer & le pourfuivit jufqu'à Rittberg,
après lui avoir tué environ 45. Houffards,
autant de Chevaux, & fait un pareil nombre de Prifonniers.

K 5

Le

Le 2. l'Armée partit du Champ d'Oost-
schlangen, pour aller camper à Stuckenbrock,
tandis que la Réserve de Broglie se portoit
en avant pour camper à Urlinckhausen, entre
Stuckenbrock & Bielfeldt, Ville du Comté
de Ravensberg, que les Hanovriens venoient
d'évacuer, & où ils laissèrent un Magasin
considérable de grains & de fourages.

Le Duc de Broglie y envoya sur le champ
un gros Détachement aux ordres de M. le
Comte son Frère. Le Comte poussa ses
troupes légères à Hyepen sur le chemin d'Hervorden, d'où elles se portèrent jusqu'à Engeren & Nienkirchen sur le territoire d'Osnabrugg.

Le même jour les Détachemens de M.
de Turpin s'emparèrent d'un Magasin de farine à Rheda, & les Volontaires de M. de
Muret surprirent à Stromberg, Ville sur la
source de l'Embs, un Détachement de la
Garnison de Lippstadt, lui tuèrent beaucoup
de monde, & prirent 17. Cavaliers montés.
Il ne se sauva que le Commandant & 3.
hommes.

La nuit du 2. au 3. le Prince Ferdinand
décampa de Marienfeldt pour pouvoir, en
portant son Armée à Dussen, qui est également sur le chemin d'Osnabrugg & de Minden, se conserver la facilité de la conduire,

suivant

fuivant les circonftances, à l'une ou à l'autre de ces deux Places.

Le 3. le Maréchal de Contades fit ouvrir des marches pour l'Armée de Stuckenbrock à Braiwede; & le 4. il la fit camper à Bielfeldt. La Réferve de Broglie campa le même jour à Hiepen; les Régimens d'Apchon & de Schomberg occupèrent Hervorden, Ville principale du même Comté de Ravensberg; & toutes les Troupes légères furent envoyées en avant à la pourfuite de l'Armée ennemie.

L'objet du Maréchal de Contades étoit, ou de joindre le Prince Ferdinand, & de lui livrer Bataille, en conféquence des ordres de la Cour, ou de lui couper fa retraite fur le Wezer, furtout par la Ville de Minden. Ce Prince évitoit l'un, & fe ménageoit l'autre. En faifant camper fon Armée à Duffen, il prit fon Quartier-Général à Palftercamp, village du territoire d'Osnabrugg, mais qui n'eft éloigné que de deux lieues de Ravensberg, Ville avec un Château fitué fur une montagne faite en pain de fucre, ayant au pied le village de Halle, fur le chemin de Bielfeldt. Ces Poftes étoient occupés par un Détachement de 1400. Hanovriens. Ils étoient par conféquent fur la route de l'Armée Françoife, & très-proche du flanc gauche de la Réferve. Le Duc de Broglie voulut

lut s'affûrer de leur pofition, & donna ordre aux Volontaires de Clermont & à ceux de la Noue, de s'emparer de Halle. Ce village fut vivement attaqué, & vigoureufement défendu. Le Marquis de Commeyras repouffa l'Ennemi jufques fous le Canon de Ravensberg ; M. de la Noue s'avança avec fes Volontaires dans les bois, & fit un très-grand feu fur les Troupes qui s'y étoient réfugies. Elles furent d'abord renforcées par les Grenadiers & la Cavallerie Angloife des Poftes avancés. Les Hanovriens fe maintinrent ainfi dans le bois de Ravensberg, & les Volontaires à Halle. Cette action dura près de huit heures, & coûta aux Volontaires de Clermont 2. Capitaines, 4. autres Officiers, 80. Volontaires, & 26. Chevaux, mais la perte ne fut pas moindre du côté de l'Ennemi.

Le 7. M. le Duc de Chevreufe fe porta avec trois Régimens de Dragons de Delbrugg à Rittberg, pour mafquer mieux Lippftadt, en refferrer davantage la Garnifon, & pour foûtenir le Régiment de Turpin & les Grenadiers de Prague, qui s'étoient emparés de Warendorp. Ce Pofte fitué fur la rive gauche de l'Embs, fufceptible d'une bonne défenfe, & qui couvroit de ce côté-là la Ville de Munfter, fut abandonné par un Bataillon Hanovrien, qui même en jetta le Canon dans

dans les fossés. Par ces mouvemens la communication directe entre l'Armée & la Réserve d'Armentières commença à s'ouvrir ; & celle de Lippstadt avec Munster, à être tout-à-fait coupée.

Tandis que les François avançoient leurs Postes sur Munster, sur Osnabrugg & sur Minden, les Alliés en surprirent quelques-uns de ceux qu'ils avoient sur leurs derrières. Le Baron de Freytag arriva le 6. par une marche très-secrete sur la rive droite du Wezer avec un Corps de Chasseurs à pied & à Cheval, à Hamel village occupé par les Volontaires d'Alsace. Le Baron envoya ses Chasseurs à Cheval en avant des Postes des Volontaires ; ils s'y portèrent sans être apperçus ; il détacha une Patrouille sur le chemin de Munden, & une autre sur la route de Bursfeld, pour leur couper tout secours & toute retraite. Les Chasseurs à pied attaquèrent le village, & les Volontaires surpris tentèrent de se replier sur Munden, mais ils furent repoussés. Ils voulurent se sauver par Bursfeld ; les Chasseurs à Cheval fondirent sur eux, quelques-uns essayèrent de se sauver à la nâge, ils se noyèrent dans le Wezer. Ceux qui étoient à Bursfeld & à Uslar, ne furent guères plus heureux, & ils furent obligés de se rendre à discrétion. Le Baron de Freytag fit Prisonniers dans cette
bruf-

brusque expédition 28. Officiers, parmi lesquels étoient le Colonel & le Lieutenant-Colonel des Volontaires, 30. bas-Officiers, 187. hommes & quatre Tambours. Tel fut le fruit de la vigilance de l'un, & de la négligence de l'autre.

Ce Baron se porta le lendemain sur Munden, il y trouva la Garnison sur ses Gardes; il dirigea sa marche par Juhnde & Mettzlar, il arriva le 8. aux Portes de Witzenhausen, sans que les François eussent le moindre vent de ses approches. Il eut encore le bonheur de surprendre le Poste qui y étoit, & de faire 86. Prisonniers, du nombre desquels étoient un Capitaine, 2. Lieutenans & un Maréchal des Logis, des Régimens d'Enrichemont & de Courten.

Ces progrès & quelques mouvemens d'un Corps commandé par le Général Imhoff, faisoient craindre pour la sûreté de Munden & de Cassel; mais M. de Contades y pourvût en renforçant d'une Brigade d'Infanterie, les Troupes que le Duc de Broglie y avoit laissées.

Quelque desir que M. de Contades eût de presser sa marche sur Minden, ou de combattre l'Armée des Alliés, il fut obligé de séjourner à Bielfeldt jusqu'au 8. pour attendre un convoi de pain qui ne pût arriver que la veille. Ces convois indispensable-

blement néceffaires pour une grande Armée
encore plus que pour une autre, inquiétent
fouvent la partie impatiente & meurtrière
du Public, qui ne foupire qu'après les Batailles.

Le 7. au matin le Duc de Broglie fe rendit à Engeren avec 15. Compagnies de Grenadiers, 1400. hommes d'Infanterie, les
Carabiniers de fa Réferve, les Régimens de
Schomberg & de Naffau, le Corps de Fifcher, & 12. Piéces d'Artillerie conduites
par deux Brigades du Corps Royal. Ce Duc
reçut dans ces conjonctures une preuve de
plus éclatantes de la reconnoiffance & de l'e-
ftime, dont la victoire de Bergen a pénétré les Cours & les cœurs véritablement
Germaniques. L'Empereur l'ayant élevé pour
prix d'un fervice fi fignalé, à la dignité de
Prince du Saint-Empire, le Duc en reçut le
Diplome, lorfqu'il étoit fur fon départ
pour l'expédition de Minden. Cette glo-
rieufe diftinction ranima fon zèle, & l'engagea à redoubler fes efforts pour le fervice
de l'Empire & de leurs Majeftés Impériales.

Le même jour le Duc d'Havré: Lieutenant-Général, Meffieurs de la Guiche, de
Ségur, de Befons & de Glaubitz, Maréchaux de Camp, s'avancèrent jufqu'à Hervorden, Ville fituée fur le chemin de Bielfeldt
à Minden, avec les Brigades d'Infanterie de
Navarre,

Navarre, d'Anhalt & de Lœwendahl, & la Brigade de Cavallerie de Bourgogne, pour foutenir & renforcer le Duc de Broglie, en cas qu'il en eût befoin. Les Troupes légères de la Réferve de ce Duc étoient déjà en avant d'Hervorden, & cette Ville même étoit occupée par les Grenadiers & par les Carabiniers de cette Réferve, fous les ordres du Comte de Broglie. Refferrer l'Ennemi & lui couper le chemin de Minden : voilà les objets de ces nombreux Détachemens. M. Friderich, Major des Chaffeurs Hanovriens attaqua avec 100. de fes gens à pied & 56. à cheval, entre Engeren & Nienkirchen, un Détachement de Troupes légères Françoifes fur lequel il eut quelque avantage.

Le Prince Ferdinand quitta Melle le 7. mais il y laiffa le Prince fon Neveu avec 5000. hommes pour couvrir fa retraite. Le Prince Héréditaire fut informé le 8. au moment qu'il alloit faire la fienne, que le Duc de Broglie fe portoit fur lui avec les Troupes légères & d'autres Corps de fa Réferve. Il rangea fes Troupes en Bataille, fit mettre le feu au Magafin qui y étoit, & prit le chemin à Ofnabrugg. L'embrafement du Magafin fervit aux Troupes légères de France de fignal pour la pourfuite ; mais elles ne purent l'entamer. Le Duc de Broglie s'établit le même foir à Melle.

No. XI.

MEMOIRES
POLITIQUES & MILITAIRES
POUR SERVIR à
L'HISTOIRE
DE NOTRE TEMS.

No. (XI.)

SUITE DES OPÉRATIONS DES ARMÉES FRANÇOISES EN ALLEMAGNE EN 1759.

Le 9. il se porta à trois lieues de Min-den, Ville qui sans être une place forte, est environnée d'une bonne muraille & d'un bon fossé, sur les bords du Wezer, & la Capitale de la Principauté à laquelle elle donne le nom. Cette Principauté étoit autrefois un Evêché ; mais il a été sécularisé en faveur des Electeurs de Brandebourg, qui en sont les Souverains. Elle n'est éloignée que de 8. à 10. lieues d'Hanovre, & a un beau pont de pierre sur le Wezer. Les hauteurs qui l'entourent, & les défilés qu'il faut franchir pour l'approcher, sont son meilleur rempart ; mais le Duc de Broglie les ayant franchis, il ne s'agissoit plus pour les Hanovriens que de capituler, ou de souffrir

(L)

l'assaut

l'affaut, ou au cas que cet affaut fut malheureux pour eux de paſſer le Wezer, & de couper le pont : ce qui leur aſſûroit une retraite.

Le Duc de Broglie ne prit que quelques heures de repos, ſe rapprocha de Minden, fit inveſtir cette Ville & ſommer le Commandant de la lui remettre ſur le champ. Le Général Zaſtrow, le même qui a reçu de ſi terribles bleſſures au viſage, à la Bataille de Lutzelberg, répondit *qu'il avoit des armes, de la poudre & des hommes ; & qu'il falloit les mettre à l'épreuve avant que d'entendre à une Capitulation.*

Le Duc fit établir une batterie qui canonna pendant toute la journée, le côté de la place oppoſé à la rivière ; & il attira pendant ce temps-là toute l'attention de la Garniſon & du Gouverneur. Cependant, le Comte ſon frère, paſſa le Wezer, & fit une attaque du côté du pont. Le Gouverneur avoit prévû ce paſſage, & pour le prévenir, il avoit fait enlever de la rive gauche du Wezer, tous les batteaux dont les François auroient pû ſe ſervir pour l'éxécuter. M. de Broglie, qui avoit reconnu les bords de la rivière, promit une récompenſe conſidérable, aux Grenadiers qui auroient le courage de paſſer le Wezer à la nâge, & de lui ramener un bac qui étoit

à la

à la rive opposée. Deux Grenadiers de Fischer l'entreprirent & lui ramenèrent le bac.
Le Comte attendit l'entrée de la nuit pour
effectuer le paſſage, qui fut éxécuté par les
Fiſcher & les Volontaires de la Noue? La
Cavallerie à gué, l'Infanterie à pluſieurs re-
priſes, & dans un bac aſſez grand pour en
paſſer 40. à la fois. Ils coururent auſſi-tôt
à l'ouvrage à corne qui couvre la tête du
pont. Ils trouvèrent le poſte défendu; le
Gouverneur ayant eu avis du paſſage, avoit
fait ſortir 50. hommes pour bruler un Magaſin établi ſur le Wezer. Fiſcher averti par
l'embraſement du Magazin, fit avancer ſes
Grenadiers pour charger ceux qui y avoient
mis le feu. Ils ſe réünirent aux Soldats qui
gardoient l'ouvrage, ils s'y défendirent d'a-
bord vaillamment, & repouſſèrent cette première attaque. Le Duc de Broglie, dont la
batterie dominoit les deux rives du Wezer,
& qui voyoit à plein cet ouvrage par la
gorge, le fit cannonner avec tant de vivacité, qu'il n'y eut plus moyen d'y reſter.
L'Officier Hanovrien qui y commandoit, n'eût
d'autre parti à prendre que de ſe retirer
dans la Ville, & de faire couper une travée du pont; mais la batterie qui voyoit
tout le long du pont, ne donna pas un inſtant de relâche aux travailleurs qui laiſſèrent
en fuyant quelques planches à cette travée.

L 2

Le

Les Grenadiers de Fiſcher les franchirent ſans leur donner le temps de ſe former à la ſortie du pont. Les Hanovriens fermèrent ſeulement la porte de la Ville qui y donne, & l'abandonnèrent. Les Grenadiers de Fiſcher l'eſcaladèrent, ſautèrent de l'autre côté, & l'ouvrirent au Comte de Broglie, qui conduiſoit leur Troupe & les Volontaires de la Noue. Le Soldat victorieux ſe rendit ſur la place par la rue marchande, criant *tue*, *tue*, & faiſant grand feu. Il y trouva raſſemblé un Peloton de la Garniſon, qui mit bas les armes. Le reſte bordoit les remparts, & entendoit la mouſqueterie au centre de la Ville; mais ſe rappellant les malheurs auxquels la Garniſon d'une Ville priſe d'aſſaut eſt expoſée, elle ſe répandit dans les maiſons, & cherchoit à ſe cacher. Le Gouverneur contint néanmoins quelques centaines de Soldats qui attendirent autour de ſa perſonne, le denouement de la Tragédie.

Cependant le Duc de Broglie faiſoit rappeller pour qu'on lui ouvrît la porte oppoſée au pont : c'étoit ce qui pouvoit arriver de plus heureux à cette Ville; mais le Corps de Garde épouvanté s'étoit retiré, & perſonne ne répondoit. Les Grenadiers François impatiens eſcaladèrent encore cette porte, la ſautèrent & l'ouvrirent au Duc.

Dans

Dans le même inſtant arriva la plus grande partie des Officiers de Fiſcher & de la Noue, qui ſans perdre la tête dans cette confuſion, y accouroient pour lui rendre ce bon office; & pour ſauver la Ville d'un pillage qu'ils ne pouvoient empêcher, & la Garniſon d'un Maſſacre prochain. Le Duc ſe mit à la tête d'environ ſoixante Officiers, & ne s'occupa dans ces premiers momens que du ſoin d'en chaſſer les Troupes légères, & de la ſauver d'un pillage général, qu'il eût une peine extrême à faire ceſſer: toute Ville priſe d'aſſaut ayant pour le Soldat qui la prend, & ſur-tout pour les Troupes légères, des charmes infinis. Il regarde le pillage comme un droit que lui ont acquis les anciens uſages de la Guerre. Dans les circonſtances d'alors, le reſſentiment animoit les Fiſcher; ils vouloient faire main baſſe ſur les Chaſſeurs Hanovriens, ou ſe venger d'eux ſur leurs Camarades. On eut dit alors que Meſſieurs de Broglie & les Officiers qui les ſecondoient, étoient des Alliés des Troupes d'Hanovre & des ſujets du Roi de Pruſſe. Ils arrêtèrent le pillage, & empêchèrent l'effuſion du ſang ennemi.

Le Général Zaſtrow ſe rendit à diſcrétion, de même que la Garniſon forte de 1400. hommes, parmi lesquels il y avoit un Bataillon de Milice & des piquets tirés de vieux

Régimens.   Il fut le seul Officier à qui le Duc de Broglie ne fît pas rendre son épée, en représailles de ce qu'il avoit fait mettre le feu à un Magasin, après la sommation. 27. Officiers, 100. Cavaliers Hanovriens richement habillés, 300. Chevaux de remonte, 22. Canons dont deux de bronze, 2. Drapeaux, quelques Magasins, un passage facile à Hanovre : tout cela valoit bien la peine d'être mieux défendu qu'il ne fut.

La conquête de Minden ne mérite rien moins que le nom de surprise que quelques-uns lui ont donné.   Elle fut le fruit d'une longue méditation ;   & le Maréchal de Contades n'avoit poussé la Réserve de Broglie sur Engeren, que dans la vûe de profiter du moindre retardement des Hanovriens à se porter sur cette place, ou à en renforcer la Garnison, pour les gagner de vîtesse.   Le repliement du Prince Ferdinand sur Osnabrugg laissa au Duc de Broglie l'entière liberté d'éxécuter le Plan concerté entre les deux Généraux.   Or une forteresse sommée, canonnée pendant un jour, emportée presqu'en même temps de deux côtés, l'épée à la main sur une Garnison suffisante pour la défendre, & qui la défend en effet, peut-elle être appellée avec raison, une forteresse surprise ? Le Siége fut court, il est vrai; la défense fut foible, cela est vrai encore; mais

mais cette conquête ne fut abrégée, que par la prudence du Général & par la valeur des Troupes qui l'emportèrent d'assaut.

Le lendemain de la prise de Minden, le Duc de Broglie y fit entrer les 1400. hommes, qui composoient le Détachement aux ordres du Comte son frère. Il envoya le Régiment de Royal-Nassau & les Volontaires de la-Noue à Petershagen sur sa Droite, le Corps de Fischer à Lubeck; & il dispersa le Régiment d'Apchon, celui de Schomberg, & les 400. Carabiniers de la Réserve, à Holzhausen & dans les autres villages qui sont entre Lubecke & Petershagen.

Le 12. au soir sa Réserve le joignit à Minden, elle y séjourna, & en partit le 14. pour aller camper à Buckebourg, château fortifié sur la Droite du Wezer, qui est le lieu de la Résidence du Comte de la Lippe-Buckebourg, & qui fait une forteresse aussi foible qu'irrégulière, parce qu'on y a rassemblé toutes les méthodes de fortifier les Places.

La Réserve de Broglie fut remplacée à Engeren par deux Brigades d'Infanterie, par les Grenadiers de France & Royaux, & par une Brigade de Cavallerie, aux ordres du Marquis du Mesnil.

Le 13. les Brigades d'Infanterie de Picardie, de Belzunce, de Touraine, d'Aquitaine ne & une Brigade de Cavallerie, eurent ordre de se porter sur Coovelst, qu'il faut écrire, prononcer différemment & distinguer de Coesfeldt, à 2. lieues de Dulmen. Ces Brigades campèrent à Roinckhausen en avant de Coovelst, & arrivèrent le lendemain à Minden.

A leur arrivée elles passèrent le Wezer, & occupèrent le Camp que la Réserve de Broglie avoit quitté, pour se porter à Buckebourg, cinq quarts de lieue plus loin.

Le Prince Ferdinand en quittant Osnabrugg n'y avoit laissé que 4. Bataillons, & un Régiment de Cavallerie, pour protéger l'évacuation de cette Ville. Le 11. il campa à Essen sur le chemin de Stolzenaw, & il y séjourna. Il jugea à-propos de se rapprocher du Wezer, & de porter son Armée à Rhaden, en faisant défiler ses gros équipages sur Verden.

La nuit du 12. au 13. ce Prince rappella la Garnison, qu'il avoit laissée à Osnabrugg. Les Troupes légères Françoises entrèrent dans cette Ville quelques heures après. 150. Volontaires commandés par M. d'Origni en enfoncèrent les Portes, & se mirent à la poursuite des Hanovriens. Ils furent bientôt renforcés par 400. tant Houssards que Volontaires de Clermont, qui les suivirent. On fit tant dans la Ville que dans

la

la pourſuite, une cinquantaine de Priſonniers, & on trouva dans Oſnabrugg un Magaſin d'environ 300. mille Rations de fourages, quelques farines ; mais peu d'autres effets,

Le Prince Héréditaire de Brunswick ignora, pendant la Journée du 10, la perte que les Alliés venoient de faire d'une Place auſſi importante que Minden ; & ſur laquelle il ſe portoit lui-même avec un Corps de 10000. hommes dans l'intention de s'y jetter le premier. Des Payſans lui en donnèrent ſur le ſoir la première nouvelle, & il envoya ſur le champ, de gros Détachemens aux environs pour en approfondir la vérité. Un de ces Détachemens compoſé de Grenadiers & de Houſſards Pruſſiens, commandé par le Lieutenant-Colonel Luckner, & menant deux Piéces de 6. avec lui, fut conduit par ces Payſans à Holzhauſen, un des villages occupés par les Carabiniers François, où le Marquis des Sales, Meſtre de Camp du Régiment de Cavallerie qui porte ſon nom, fut dangereuſement bleſſé & enlevé avec 5. ou 6. Carabiniers. Les autres Carabiniers étant ſautés à leurs armes, chaſsèrent les Houſſards du village. L'allarme ſe répandit d'abord dans les lieux voiſins, & tout le Détachement des Carabiniers, qui étoit de 400. hommes, monta à Cheval pour pourſuivre l'Ennemi. Les Carabiniers

L 5

&

& un Détachement de Dragons commandé par le Marquis de Nicolaï, neveu du Lieutenant-Général de même nom, entrainés par l'amour de la gloire, & par le desir de reprendre M. des Sales oublièrent leur propre sûreté; & l'ardeur Françoise les porta trop loin encore cette fois-là. Ils donnèrent après avoir marché pendant trois heures dans un gros de Houssards, de Chasseurs à pied & à Cheval, & de Grenadiers, qui formoit l'Avant-Garde du Prince Héréditaire sous les ordres de M. de Luckner. M. de Scépeaux qui commandoit les Carabiniers, voyant l'Ennemi sortir de l'embuscade, sentit la nécessité d'une promte retraite; mais il fut accablé par le nombre & enveloppé. Sa Troupe n'eut pas le temps de se mettre en bon ordre, & elle auroit été détruite sans le renfort de 100. Dragons d'Apchon, & de 100. Volontaires de Schomberg, commandés par M. d'Apchon même. Ils arrivèrent si à-propos qu'ils dègagèrent le brave Marquis de Nicolaï du milieu d'une vingtaine de Houssards, avec lesquels il espadonnoit quoique blessé. A la vûe du Renfort, les Houssards se retirèrent; & les Carabiniers, dont il manquoit 168. revinrent à leurs Quartiers. Le Duc de Broglie envoya le lendemain un Trompette au Prince Héréditaire de Brunswick, alors campé à Diebenau sur le che-

min

min de Minden à Brême, pour demander l'échange des Carabiniers pris dans la mêlée. Ce Prince lui en renvoya fur le champ 143. Les autres avoient été tués dans l'efcarmouche, ou ils étoient bleffés fi dangereufement qu'ils fe trouvèrent hors d'état de foufrir le tranfport. M. le Maréchal fit un exemple propre à maintenir la fûreté des Quartiers de fes Troupes, & à contenir le Payfan dans les bornes de la tranquillité qui lui convient. Il permit au Duc de Broglie d'impofer à la Ville de Minden, une Contribution extraordinaire de 53000. livr. pour remonter la Cavallerie qui avoit perdu fes Chevaux par la trahifon avérée des Payfans du voifinage.

Le 14. Juillet, l'Armée quitta le Camp d'Hervorden pour le porter à Heidinghaufen & le 15. elle arriva à celui de Minden, où le Maréchal de Contades établit le Quartier-Général. Les Corps qui en avoient été détachés aux ordres de Meffieurs de Beaupreau, du Mesnil & d'Andlau, l'y rejoignirent. M. de Bezenwal, Maréchal de Camp, qui avoit été envoyé à Caffel pour rétablir la fûreté de cette conquête, & la tranquillité des Troupes dans cette partie, y arriva auffi pour rendre compte à M. de Contades du fuccès de fon voyage.

Le même jour. 14. le Comte de Saint-Germain, Lieutenant-Général, partit de Bielfeldt

feldt avec la Brigade d'Auvergne & un Régiment de Cavallerie, pour aller masquer le Pont de Hamelen, & pour assûrer de plus en plus la Communication de Minden à Paderborn. Les Volontaires du Dauphiné postés en avant sur la rive droite du Wezer, étoient chargés d'éclairer tous les mouvemens des Alliés sur cette rive.

Le Maréchal de Contades avoit donné à son Armée un Camp inexpugnable. Son Front étoit couvert par le marais qui régne le long de la petite rivière de Barta; elle avoit le Wezer à dos; la Droite s'appuyoit sur Minden, & la Gauche sur une montagne. La nuit du 15. au 16. le Prince Ferdinand se porta sur elle de Stolzenaw par Overstadt, soit pour reconnoître sa position, soit dans l'espérance de l'attaquer lorsqu'elle défileroit vers Minden, & de la prendre en flanc. Le jour le détrompa, & trouvant qu'elle avoit déja établi son Camp dans une si excellente position, il retourna camper à une lieue & demie des François & il fixa son Quartier-Général à Petershagen, que le Régiment de Royal-Nassau & les Volontaires de la Noue avoient abandonné. C'est de-là que dirigeant ses Détachemens tantôt sur la rive droite, tantôt sur la rive gauche du Wezer; ce Prince donna des alertes fréquentes à l'Armée Françoise.

D'un

D'un autre côté M. de Contades fit jetter deux Ponts de Batteaux fur le Wezer, pour faciliter d'autant mieux la Communication de fon Armée avec la Réferve de Broglie. Le Corps de Fifcher fut allongé du côté d'Hanovre pour en allarmer les Habitans, & pour engager le Prince Ferdinand ou à aller à leur fecours, ou à affoiblir fon Armée en renforçant la Garnifon de cette Ville.

Le 16. le Comte de Rougrave Maréchal de Camp à la tête d'un Détachement confidérable, obferva la marche de l'Armée ennemie qui remontoit la rive gauche du Wezer. Le 17. le Prince Ferdinand fit un gros Détachement pour venir reconnoître la pofition des François: il fit canonner le Détachement de Mr. de Rougrave qui ne fe retira que fur l'ordre de Mr. le Maréchal; & fur la nouvelle qu'il eut que ce Prince venoit à lui; l'Armée fe mit en Bataille pour le recevoir. Le Duc de Broglie qui étoit Campé à Buckebourg eut ordre de repaffer le Wezer, & de joindre la grande Armée. Son Corps forma la réferve.

On s'attendoit généralement ce jour-là à une Bataille; mais on ne vit qu'un Corps de 7. à 8. mille hommes, & comme la pofition que le Maréchal avoit prife la veille en arrivant, n'étoit pas des plus avantageu-
fes,

ſes, il la changea ; ce qui empêcha l'Armée Alliée de ſuivre ſon premier Détachement, comme elle auroit fait, ſi elle n'eût pas trouvé trop hazardeux d'attaquer les François dans leur nouvelle poſition. A ſix heures du ſoir les Troupes du Prince Ferdinand ſe replièrent ſur Petershagen, ſur quoi le Duc de Broglie répaſſa le 18. le Wezer à 4. heures après-midy, avec ſon Corps qui reſta campé vis-à-vis de Minden.

Le 19. Le Prince Ferdinand envoya reconnoître le Marais qui s'étend de Lubecke juſqu'à Minden par deux gros Détachemens. L'un d'environ 5000. hommes ſe porta jusques près de Lubecke à 3. lieues de la gauche des François & l'autre d'environ 3000. hommes ſur le Village de Hille qui eſt à la tête d'une Chauſſée laquelle traverſe ce marais auſſi à une lieue & demi de leur gauche des François, où les Troupes légères qu'ils y avoient furent attaquées avec beaucoup de vivacité ; cependant elles ſe maintinrent ſur le bord du Marais & l'Ennemi quoique ſupérieur, ne put le paſſer. Le 20. Mr. le Prince héréditaire de Brunswick étoit déja en marche pour venir attaquer Mr. de Broglie ſous Minden, lorsqu'il apprit qu'il étoit renforcé de trois brigades d'Infanterie & une de Cavallerie ce qui le fit rebrouſſer chemin à Diebenau d'où il étoit parti. Il

paſſa

paſſa le Wezer le même jour pendant que le Prince Ferdinand reſta à Nienbourg avec toute ſon Armée. Mr. le Maréchal raſſembla toute la ſienne & Mr. de Broglie de l'autre côté à Buckebourg.

La Conquette de Minden abregea bien des difficultés, ſans cela on auroit été obligé pour paſſer le Wezer, n'ayant point de Pontons, de ſe ſervir des batteaux qu'on avoit aſſemblé ſur le Haut Wezer, & comme on n'avoit ni Hamelen ni Rindelen on n'auroit pas pu les faire deſcendre.

Le projet de Mr. le Maréchal étoit de contenir l'Armée de Mr. le Prince Ferdinand, de couvrir les Siéges de Munſter & de Lipſtadt que Mr. d'Armentières devoit faire, & de faire paſſer ſeulement la Réſerve ſur le Haut Wezer ; & ſi Mr. le Prince Ferdinand s'étoit déterminé à paſſer, la grande Armée elle-même eut jetté ſes ponts au deſſus d'Hamelen.

L'Eſcalade de Munſter n'ayant pas réuſſi, Mr. d'Armentières en fit le Siége en régle la Tranchée commencée par M. le Prince de Beaufremont Lieutenant-Général a été ouverte la nuit du 19. au 20. par une Parallele d'environ 700. Toiſes qui envelopoit la partie angulaire, ſaillante de la Place, entre les poſtes de Neubruck & de Hoxter, & 100. ou 120. toiſes des angles flanqués des

deux

deux Demi-lunes collaterales à cette partie faillante de la Place. 3. Bataillons de la Ligne, favoir 1. de Vaubecourt, 1. de la Couronne, 1. de Reding, 2. Compagnies de Grenadiers auxiliaires, des Dragons d'Orleans & de Thiange couvrirent & protegèrent le travail, qui a été dirigé par Mr. d'Ageau, & la Brigade d'Ingenieurs à fes ordres. La Parallele fut affez folidement apuyée, par fa droite & par fa gauche, fon Centre coupé par le Canal, & par une partie marécageufe intermédiaire, refta en lacune, fur environ 40. toifes de longueur, jufqu'à ce que les eaux du Canal euffent été fuffifament baiffées par l'ouverture des éclufes, que l'on fit la veille au foir, pour pouvoir entreprendre de joindre la droite, & la gauche de la parallele par ce Centre, ce que l'on continua pendant le jour, & la nuit fuivante la parallele fut parfaite ; le même jour 20. on travailla à la conftruction de 2. Batteries de Canon de 6. Piéces chacune ; l'objet de ces Batteries étoit de prendre des Ricochets fur les 2. côtés de l'angle du Corps de la Place, que la parallele embraffoit, par cette direction l'Affiégé devoit être tourmenté fur fes remparts, fans incommoder la Ville. Le travail a été fort heureux, & les Affiégeans n'y perdirent qu'un feul homme.

No. XII.

MEMOIRES
POLITIQUES & MILITAIRES
POUR SERVIR à
L'HISTOIRE
DE NOTRE TEMS.

No. (XII.)

SUITE DES OPÉRATIONS DES ARMÉES FRANÇOISES EN ALLEMAGNE. EN 1759.

Attaque de la Citadelle de Munster.

La Tranchée commandée par M. le Chevalier du Châtelet Lieutenant - Général M. le Comte de Chabo, M. de Cé, & M. de la Tour du Pin Brigadiers, a été ouverte la nuit du 20. au 21. sur le front de la Citadelle, ayant l'inondation à sa droite & une parallele de 770. toises d'étendue, apuyée par sa droite au marais, au dessous de l'inondation & par sa gauche à de fortes hayes & à un bois.   Elle étoit éloignée de 200. toises des angles flanqués de deux Bastions, & à 172. toises du saillant de la Demi-Lune, du Front attaqué.   Deux Bataillons de la Ligne, le 1er. & le 3me. de la Tour du Pin, avec 2. Compagnies de Grenadiers

(M)

auxi-

auxiliáires, des Dragons d'Orleans & de Thianges couvrirent & protégèrent ce travail, qui a été dirigé par M. de Rozières & la Brigade des Ingénieurs, qu'il commandoit. Il s'est fait, on ne peut pas plus heureusement, il a été dérobé à l'ennemi, comme on l'avoit prévû; puisque de 40. embrasures, qu'on distinguoit sur le Front, & sur les parties qui lui sont collatérales, les Ennemis n'ont tiré qu'environ 20. Coups de Canon & pas un seul Coup de fusil; il a été en même tems tracé en arrière de la parallele une communication qui finissoit à un chemin creux, qui aboutissoit à la parallele & en faisoit la continuation. On a néanmoins relevé la garde à l'ordinaire & sans risque, par un chemin bordé de hayes, qui établissoit sur la gauche une communication entièrement à couvert des vues de la Place. M. le Marquis d'Armentières jugea à propos d'augmenter des 2. Compagnies auxiliaires la garde de cette Parallele, à cause de son étendue & de la proximité de la Place; on établit outre cela 2. Batteries de Bombes, aussi-bien que des Batteries à Ricochet.

Attaque de la Ville.

La Tranchée de Monf. le Comte de Meaupoux Maréchal de Camp & de M. de Vaubecourt Brigadier se perfectionna très heureusement, pendant la nuit du 20. au 21.

par u

par Mrs. Favard & Grenier, Ingénieurs ordinaires, & firent entièrement la jonction de
la droite à la gauche de la Parallele par son
centre. La construction des Batteries fut conduite avec tant d'activité, qu'elles étoient en
état de tirer le lendemain; les ennemis ne
firent pendant ce tems-là qu'un feu de Canon,
& de Bombes sur cette Attaque; la veille
sur les 7. heures du soir, ils tentèrent par
la porte de Neubruck une sortie qui fut bien-
tôt reconduite.

Le 21. au matin un Charpentier de la
Légion Royale a eu un bras emporté d'un
boulet de Canon à la construction du Pont
sur le Canal. La Tranchée fut commandée
ce même jour, par M. le Chevalier Groslier
Maréchal de Camp & M. le Chabo Brigadier. Le travail de la nuit précédente consistoit
en 2. cheminemens de Zigue-Zagues, diri-
gés sur les 2. Capitales des deux Demi-Lunes, pour parvenir au couronnement de la
Contrescarpe du Fossé. Le travail fut fort
difficile, parce que les Ennemis firent un grand
feu d'Artillerie, & fort peu de Mousqueterie. Au point du jour les Chasseurs de
Scheiters, soûtenus de quelque l'Infanterie
ont paru en avant de la Ville, se dirigeant
sur le Centre de l'Attaque. Les Grenadiers
de droite & de gauche, ont marché sur
leurs Flancs; cette sortie s'est aussitôt dis-
sipée,

sipée , & s'est retirée en désordre. Cette Attaque a fait perdre dans l'espace de 24. heures 2. hommes tués & 3. blessés.

Le même jour la Tranchée de la Citadelle aux ordres de Mr. le Prince de Beaufremont Lieutenant-Général & Mr. de Travers Maréchal de Camp, étoit gardée par 2. Bataillons de la Tour du Pin, 2. Compagnies de Grenadiers auxiliaires, 2. Compagnies de Dragons d'Orleans & de Thianges ; le travail de la nuit avoit consisté à perfectionner la Parallele & sa communication, & à en fortifier la droite & la gauche ; pendant que Mrs. du Corps Royal, après avoir déterminé l'emplacement de deux Batteries les firent construire, & les mirent en état de tirer le lendemain. Les ennemis se comportèrent à cette Attaque, comme à celle de la Ville ; leur feu d'Artillerie fût très soûtenu, & les Assiégeans eurent à cette seconde Attaque un homme tué & 4. blessés.

Le 22. à 3. heures du matin, les Batteries établies sur le front de l'Attaque de la Ville commencèrent à tirer, & leur direction se trouvoit si-bien prise, que vers les 6. heures du matin leur feu avoit presqu'éteint celui des Ennemis. Vers les 7. heures M. le Marquis d'Armentières alla visiter les travaux de la nuit, il se posta par le boyau, que l'on avoit poussé sur la Porte de Hoxter,

sur

fur le chemin de Hoxter, il découvrit de-là
diftinctement le feu de la Demi-Lune qui
couvre cette Porte. En conféquence il ordonna la prolongation du boyau jufques &
par de-là le chemin, pour embrafer la Capitale de la Demi-Lune & cheminer deffus.
Ce travail fut commencé fur le champ quoiqu'en plein jour, comme le terrain entre le
boyau nouvellement établi, & la Contrefcarpe eft extrêmement coupé & couvert,
Monf. le Marquis d'Armentières recommanda
de fréquentes patrouilles de Grenadiers dans
cette partie. Ses ordres furent éxécutés avec
éxactitude. Sur les 11. heures & demi, une
des patrouilles qui s'étoit avancée jufqu'au fof-
fé de la Demi-Lune à la faveur des hayes,
vint rendre compte à Mr. de Gayon, Maréchal
de Camp Commandant la Tranchée, qu'elle
avoit entendu quelque voix dans la Demi-
Lune dire : *emmenions promptement le
Canon dans la Citadelle.* Sur ce raport
M. de Gayon ordonna à un Lieutenant de
Grenadiers, foûtenu de fa Compagnie de
fe porter fur la Demi-Lune, pouffant devant
lui une patrouille ; cette patrouille parvint
fur la Contrefcarpe. Elle découvrit que la
Demi-Lune n'étoit pas occupée, ou qu'elle
ne pouvoit l'être que par peu de monde.
Monf. de Gayon, ordonna fur le champ,
qu'il paffât quelques Grenadiers à la nage,

ils

ils passèrent le fossé sans obstacle, entrèrent dans la Demi-Lune, elle n'étoit pas occupée, & toute la Compagnie de Grenadiers y fut bientôt, & de-là dans la Ville : Les François y entrèrent à tems pour faire encore des Prisonniers, les Ennemis se retirant dans la Citadelle & abandonnant la Ville.

Le Canon fit un effet considérable pendant les 9. heures qu'il tira ; les Ennemis ont eu plus de 60. hommes de tués sur le Rempart, & plusieurs Batteries démontées. Mr. de Gayon envoya sur le champ ordre aux Troupes d'entrer dans la Ville, & le plus grand ordre y a régné.

Il avoit dès le premier moment envoyé rendre compte à M. le Marquis d'Armentières, qui entra sur les 4. heures après-midi dans la Ville, escorté de 100. Chevaux d'Orléans : une heure après il y fit entrer 100. Maîtres, & 100. Dragons aux ordres de M. de Vibray. Le premier soin, qu'a eu Mr. d'Armentières a été de proposer à Mr. de Rastrow, que la Ville fût Neutre, & la Neutralité a été signée sur le champ de part & d'autre. Il est entré dans la Ville les deux Bataillons de la Couronne avec le poste d'honneur de la Tranchée. Mr. le Baron d'Armure marcha le premier avec les drapeaux du 2me. Bataillon de ce Régiment, dont il étoit Commandant ; Mais voyant les ponts rompus,

rompus, il chercha un paffage plus facile, & il réuffit: il envoya le Corps de Grenadiers & un piquet fur la Place, il fit marcher enfuite de droite & de gauche, longeant le rempart vers la Citadelle pour s'emparer des Ponts, & tout cela fut éxécuté.

La Tranchée de la Citadelle fût commandée le 23. par Mr. le Chevalier du Châtelet Lieutenant-Général, le Comte de Segur Cabanne, Mr. de Cé ; un Bataillon de la Tour du Pin, un de Dyenner, un de Lochman, 4. Compagnies de Grenadiers auxiliaires, dont deux de Dragons avoient ouvert pendant la nuit 3. Boyaux, fur les 3. Capitales de 20. toifes chacun qui furent perfectionnés pendant le jour ; on travailla pendant toute la nuit aux Batteries fans être inquieté, & elles furent finies au matin qu'elles tirèrent avec tant d'effet qu'elles produifirent la Capitulation fuivante. Un Canonier & un Soldat de Reding fervant l'Artillerie ont été tués d'un Coup de Canon.

Capitulation de la Citadelle de Munfter.

ARTICLE I.

Toutes les Troupes compofant la Garnifon, fortiront avec leurs armes, & les honneurs de la Guerre, emmenant 2. piéces de 4. & les munitions nécéffaires. Elles feront

M 4

con-

conduites par le chemin le plus court à l'Armée.

Réponse : Toutes les Troupes sont Prisonnieres de guerre. Elles sortiront de la Citadelle tambour battant, & défileront par la Porte neuve où elles mettront les armes bas.

ART. II.

Tous les Officiers sans exception, ainsi que les Soldats, conserveront leurs bagages, les chevaux, chariots, sans qu'on leur en retienne la moindre chose, ou qu'ils courent danger d'en perdre.

Réponse : En considération de Mr. le Général de Zastrow, les Officiers pourront emmener leurs équipages & chevaux ; mais c'est sur sa parole d'honneur, qu'ils n'en emmeneront pas d'autres. Leurs chevaux ne seront pas changés contre ceux des Troupes. Les chevaux & les chariots qui manqueront leur seront fournis en payant.

ART. III.

Les Blessés & malades suivront la Garnison ; on leur fournira tous les soulagements possibles ; on laissera près d'eux des Chirurgiens & autres personnes nécessaires outre un Aumônier & un garde, à qui l'on accordera ensuite ainsi qu'aux Officiers & aux convalescens des passeports, pour rejoindre par

le

le plus court chemin l'Armée de Sa Majefté Britanique.

Réponfe: Les Officiers malades ainfi que les Soldats feront foignés aux frais de fa Majefté Britanique; on leur donnera des Chirurgiens, & autres perfonnes néceffaires, ils n'auront pas de garde de leur Troupes. Le départ des Officiers & Soldats dépendra du tems, qu'ils pourront obtenir des Paffeports de Mr. le Maréchal de Contades.

ART. IV.

Les Commiffaires, les Aumôniers, Auditeurs, Chirurgiens, Valets, en un mot, tout ce qui n'eft pas militaire, fuivront la Garnifon avec toute feureté, tant pour leur perfonne, que pour ce qui leur apartient.

Réponfe: Cela leur eft accordé; mais en fe foûmettant à la claufe de l'Article 2me.

ART. V.

Les Chevaux des Bas-Officiers & des Trompettes de l'Efcadron de Scheiter, qui leur apartiennent en propre leur refteront ainfi qu'aux Officiers.

Réponfe: Refufé.

ART. VI.

On m'accordera à mon choix un certain nombre de Chariots couverts.

M 5

Répon-

Réponse: On accordera 2. Chariots couverts, à condition, que le Commandant donne sa parole d'honneur qu'il n'y cachera aucun déserteur François.

Tout ce qui apartient à son Altesse Electorale de Cologne, & à la Ville de Munster sera remis entre les mains de Mr. le Général de Wenge & d'un Commissaire nommé par la Régence, dans le même état où tout étoit à l'entrée des Troupes de Sa Majesté Britanique, à la réserve des armes, qui depuis un mois ont été enlevées, & des Canons encloués. Tous les autres seront fournis d'affuts neufs.

Toutes les dettes faites par les Troupes de Sa Majesté Britanique seront payées, ou l'on donnera des cautions suffisantes & dès aujourd'hui.

Il restera un Officier & 24. hommes après le départ de la Garnison afin qu'on ait le tems de prendre un état de toutes ces dettes, & l'Officier ne partira, que lorsqu'elles seront payés.

Tous les déserteurs des Troupes du Roi seront livrés fidélement, les Officiers François pourront arrêter ceux, qui ne pourroient peut-être pas être reconnus pour avoir servi dans les Corps dont ils ont été.

Tout ce qui apartient à Sa Majesté Britannique, ou à ses Alliés, sera délivré au Com

Commissaire François, qui en prendra tout de suite un état.

La Caisse Militaire qui de droit apartient au Roi, sera remise entre les mains du Trésorier.

Les Troupes du Roi occuperont tout de suite 2. Postes de la Citadelle. On leur remettra deux postes dans le Chemin-couvert, afin que personne ne puisse sortir.

Les Troupes sortiront de la façon dont je conviendrai avec Mr. le Marquis d'Armentières, qui donnera ses ordres à cet effet.

Les Articles de cette Capitulation ont été dressés & signés pour être éxécutés selon leur force & teneur, & conformément à la réponse donnée par Mr. d'Armentières, aux représentations qui lui ont été faites par moi Lieutenant-Général des Armées de Sa Majesté Britannique & Colonel d'un Régiment d'Infanterie. A Munster le 23. Juillet 1759.

ZASTROW.

Pendant l'Opération de la prise de la Ville & de la Citadelle de Munster, où l'on a trouvé des Magazins considérables, l'Armée Alliée est tuûjours restée campée à Petershagen, où elle se retrancha, & la Françoise à Minden, où elle n'avoit pas besoin de retranchement. La Réserve de Mr. le Duc de Broglie occupoit la rive droite du

Weser,

Weser, apuyant sa gauche aux trois ponts que cette Armée avoit sur cette Rivière. Les postes avancés des deux Armées étoient en présence, & les sentinelles de part & d'autre n'étoient qu'à la petite portée du fusil.

Les Alliés avoient établi quatre Ponts sur le Weser, savoir, trois à Stoltzenau & un au de-là de Petershagen. Ils firent passer sur ce dernier un Détachement, qui occupoit le village de Ladé, pour soûtenir dans la Cense de Labie les Volontaires & les Troupes légères de la Réserve de Mr. le Duc de Broglie.

Ces dispositions furent prises pour continuer à couvrir les opérations de Mr. d'Armentières jusqu'après la prise de Lipstadt; il s'avançoit vers cette Ville avec célérité, pour faire ses dispositions d'invertissement. Monf. d'Lartemberg Lieutenant-Général avoit été préposé pour y commander une Garnison de plus de 3000. hommes.

D'ailleurs les François occupoient depuis quelques jours par un poste de 300. Volontaires le Château de Buslembourg; c'est une espèce de Forteresse où ils avoient trouvé plus de vingt piéces de Canon apartenant au Comte de la Lippe, qui, comme nous avons dit, a pris plaisir d'en faire un Composé de tous les Sistêmes de Fortifications assez bizarre, qui cependant ne peut pas être pris sans gros Canon.

Monf.

Monf. de St. Germain, qui avoit été détaché, revint joindre l'Armée avec fon détachement, ainfi que M. de Buizenwal avec la Brigade de Caftella qu'il avoit pofté du côté de Caffel. Meffieurs de Chevreufe & Dauvet, qui étoient reftés avec la Brigade d'Orléans Infanterie & 3. Régiments de Dragons pour bloquer Lipftadt, devoient auffi fe raprocher quand Mr. d'Armentières feroit à portée de commencer fon Siége. Le Corps de Fifcher étoit occupé entre Göttingen & Minden, à lever des Contributions.

Difpofition Générale faite par Mr. le Maréchal de Contades pour l'Attaque de l'Armée Alliée.

Monf. le Maréchal étant déterminé à attaquer le premier Août l'Armée Ennemie, dans la pofition qu'elle avoit prife & dégarnie des Troupes qu'elle avoit envoyé fur le chemin d'Osnabruck aux Ordres du Prince héréditaire, a cru, que la meilleure forme d'inftruction qu'il pût donner à Mrs. les Officiers Généraux qui commandoient les principales divifions de l'Armée, étoit de leur donner un plan des difpofitions générales, qui les inftruisît enfemble des premières difpofitions ordonnés, & les mît en état d'en fuivre l'éxécution par un concours réciproque entre ces Meffieurs également inftruits de

leurs

leurs difpofitions & de leurs opérations re-
fpectives.

Monf. le Maréchal comptant d'attaquer
l'Armée Ennemie au point du jour, ordonna
la veille, de faire déboucher au foir l'Armée après la retraite, de la manière cy-
après expliquée.

Officiers de Jour.

Mr. le Comte de Noailles Lieutenant-
Général.

Mr. le Comte de Rougrave Maréchal de
Camp.

La réferve de Mr. de Broglie fera la droite de tout, fe poftera au village de Toders-
haufen & de-là fur le Camp de Monf. de
Bevern fur le chemin de Petershagen. L'attaque que fera cette réferve doit être vive &
rapide, pour battre promptement Mr. de Bevern, l'empêcher de fe retirer fur l'Armée
Ennemie ou du moins, qu'il ne s'y retire
qu'en fuyant, & qu'il y porte le défordre.

Pour affûrer le fuccès de cette attaque, il
faut qu'elle foit forte en nombre de Troupes
& furtout en Infanterie & en Artillerie. On
joindra à l'Infanterie de la Réferve les Régimens des Grenadiers de France & Royaux,
& on joindra à fon Artillerie 6. pièces de
Canon & 2. à 4. Obuziers. Monf. le Duc
de Broglie indiquera le rendez-vous de cette
Artillerie; il envoyera les ordres aux Régimens

...mens des Grenadiers de France & Royaux. On ne peut employer trop de moyens à cette Attaque, dont le succès, découvrant le flanc gauche de l'Ennemi assûre le succès général.

La Réserve partira de son Camp le soir à l'entrée de la nuit, la retraite servant de générale ; elle passera par le Pont de la Ville & sortira par la Porte qui mène au Camp des Grenadiers de France & Royaux. Monf. le Duc de Broglie renvoyera ses gros équipages à Raimen où ceux de l'Armée sont déjà ; il leur fera passer le Weser par le Pont de batteaux supérieur, pour éviter l'engorgement.

L'Armée restera composée de 14. Brigades d'Infanterie, savoir, Picardie, Belzunce, Touraine, Rouergue, Condé, Aquitaine, le Roi & Champagne faisant 8. Brigades de 1re. ligne & 33. Bataillons des Brigades de Navarre, Anhalt, Loevendal, 2. Brigades Saxonnes & Rouergue faisant de 2me. ligne 6. Brigades & 29. Bataillons, attendu que les Brigades Saxones font 13. Bataillons.

L'Armée a six Brigades de Cavallerie sçavoir, la Colonelle Générale & les Croattes, le Mestre de Camp & Bourgogne faisant 29. Escadrons de prémière ligne, tant de l'aile droite que de l'aile gauche ; celles du Roi & de Royal étranger faisant 16. Escadrons

de

de feconde ligne, en tout 43. Efcadrons, à quoi ajoutant 8. de la Gendarmerie & 20. de Carabiniers, qui font en Réferve, le total de la Cavallerie de l'Armée eft de 63. Efcadrons.

La qualité du Pays où l'Armée doit fe former fait, qu'il eft fourré dans fes extrémités & découvert dans fon centre, il ne permet pas, que l'Armée puiffe être difpofée dans la forme ordinaire; on compofera donc la droite de la première Ligne de 4. Brigades d'Infanterie de droite, qui font Picardie, Belzunce, Touraine & Rouergue, aux ordres de Mr. le Chevalier de Nicolaï, de Mr. de Beaupreau Lieutenant-Généraux, & de Mrs. de Planta & de Monty, Maréchaux de Camp, 34. piéces de Canon du Parc de différens calibres feront placées à la tête de ces 4. Brigades, & l'Etat de leurs difpofitions fera remis à Mr. le Chevalier de Nicolaï.

Le Centre de l'Armée fera couronné par les Brigades de Cavallerie du Colonel-Général, Croattes & Meftre de Camp, aux ordres de Mrs. le Duc de Filzjames, de Vogué, de Caftries, Lieutenant-Généraux, & de Mrs. de Lutzelbourg, de St. Chamand, de Villebonne & de Counainville Maréchaux de Camp.

No. XIII.

MEMOIRES
POLITIQUES & MILITAIRES
POUR SERVIR à
L'HISTOIRE
DE NOTRE TEMS.

No. (XIII.)

SUITES DES OPÉRATIONS DES ARMÉES FRANÇOISES EN ALLEMAGNE EN 1759.

La gauche de la Ligne fera compofée des 4. Brigades d'Infanterie de gauche, fçavoir, Condé, Aquitaine, le Roi & Champagne, aux ordres de Monf. de Guerchy Lieutenant-Général, & de Mrs. le Duc de Laval & de Maugiron Maréchaux de Camp. Trente pièces de Canon du Parc de différens calibres feront diftribuées à la tête de ces 4. Brigades, & Monf. le Comte de Guerchy aura l'Etat de diftribution de cette Artillerie.

Mr. le Chevalier de Pelletier obfervera que cette Artillerie placée à la tête des Brigades de droite, & celle placée à la tête des Brigades de gauche, faffent un feu croifé fur le front du centre de Cavallerie. Il

(N)   don-

donnera ſes ordres en conſéquence au Commandant des Brigades d'Artillerie.

Chaque Brigade d'Infanterie de première ligne formera ſon premier Bataillon en Colomne, & les autres en bataille; celle de Rouergue, qui forme la gauche, & la droite ſera en ordre renverſé, pour que ſon premier Bataillon mis en colomne appuye au Colonel Général. Celle de Condé, qui forme la droite de la gauche ſera dans l'ordre ordinaire, pour que ſon premier Bataillon mis en colomne appuye au Meſtre de Camp.

Telle eſt la diſpoſition ordonnée pour la première Ligne.

La ſeconde Ligne ſera formée dans le même ordre que la première, la droite en ſera compoſée des Brigades d'Auvergne & d'Anhalt, aux ordres de Mr. de St. Germain Lieutenant-Général & de Mrs. de Leyde & de Glaubitz Maréchaux de Camp.

Le centre ſera compoſé des Brigades de Cavallerie du Roi, Bourgogne & Royal étranger aux ordres de Mrs. du Meſnil, d'Andelau Lieutenants-Généraux & de Mr. d'Ortinck & de Galifeld Maréchaux de Camp. La gauche en ſera compoſée des deux Brigades Saxonnes aux ordres de Mr. le Comte de Luſace, & de Meſſieurs les Officiers Généraux méraux Saxons.   Cette feconde Ligne moins nombreufe en Troupes que la première, occupera cependant le même front avec des intervalles plus grands entre les Corps.

Telle eft la difpofition de la feconde Ligne.

La Réferve compofée de la Gendarmerie & des Carabiniers aux ordres de Mr. de Poyane Lieutenant-Général, & de Mrs. de Bellefond & de Biffy Maréchaux de Camp fera en troifième ligne dans le centre derrière la Cavallerie.   Les Brigades de Navarre & Löwendal auront les deftinations, que l'on verra cy-après.   L'Armée formée, comme on vient de le dire fera placée de la manière fuivante: La première Ligne de l'Armée dans fa première difpofition appuyera fa gauche au marais à hauteur des premières hayes du village d'Halen.   Sa droite paffant derrière les maifons rouges, qui font dans la plaine, s'étendra vers le bois.

La deuxième Ligne fe formera à 400. pas derrière la première Ligne de Mr. le Duc de Broglie; la réferve aura fa droite à l'efcarpement du Wefer, & fera face au village de Todenhaufen ; & fa gauche s'étendra jufqu'à la droite de l'Armée.   Son Infanterie compofera la première Ligne, & la Cavallerie la feconde.   Toutes les Troupes de cette Réferve ainfi que les Grenadiers de

           France

France & Royaux se conformeront pendant toute l'Action aux Ordres que Mr. le Duc de Broglie jugera à-propos de leur donner. L'objet de cette Réserve devant être éxécuté promptement, elle se portera sur le village de Todenhausen, dont elle chassera les postes avancés de l'Ennemi, & ensuite sur le Camp de Mr. de Bevern, placé sur le chemin de Todenhausen à Petershagen.

Pendant que cette Réserve sera occupée de cet objet, l'Armée achevera de se former, elle marchera ensuite en bataille devant elle, ou du moins chaque Brigade d'Infanterie & de Cavallerie marchera en colomnes par Bataillons & par Escadrons de front, observant leur distance d'une Brigade à l'autre, pour pouvoir se ranger en Bataille. Le premier Bataillon de chaque Brigade, à qui il est ordonné de se former en colomne, conservera cette disposition soit en marche, soit en Bataille. Toutes les Brigades d'Infanterie auront 100. travailleurs par Brigade avec des Chariots d'outis, de poutres &c.

L'Armée Ennemie est campée, sa droite en arrière du village d'Hille, sa gauche derrière celui d'Holzhausen ; ainsi c'est presque sur le flanc gauche de l'Ennemi sur lequel l'Armée marche. Si l'objet de la Réserve de Mr. de Broglie réussit, cette Réserve embrassera le flanc gauche de l'Ennemi. La

suite

ſuite de la manœuvre dépendant de celles que l'Ennemi peut faire, ne peut être prévûe, Mr. le Maréchal en donnera les ordres suivant les circonſtances.

La Brigade de Navarre, ainſi que les Volontaires de Hainaut & de Dauphiné, ceux de Muret & 4. pièces de Canon de 8. du Parc fera une fauſſe attaque, par la digue du Village de Kolhoff qui traverſe le marais, & va aboutir au village d'Hille. Ces Troupes feront aux ordres de Mr. le Duc d'Avré Lieutenant-Général; il fera cannoner vivement par les 8. pièces de Canon qu'il aura tant du Parc, que de la Brigade, la Redoute que l'Ennemi a fait au Village d'Hille au bord du marais; mais il ne traverſera ce marais qu'au cas que la gauche de l'Armée ſe trouvât à hauteur du village d'Hille, & qu'il pût ſe joindre à cette gauche, juſque-là, ſon objet doit être d'occuper l'Ennemi dans cette partie, de l'empêcher d'appuyer ſa droite au Marais; c'eſt à quoi il peut parvenir par une violente canonade.

Mr. le Duc d'Avré doit s'occuper auſſi du ſoin de couvrir la retraite en cas de malheur, & c'eſt dans cette vûe qu'il doit conſtamment garder la digue, & empêcher l'Ennemi d'y pénétrer. Il s'occupera auſſi du ſoin de garder les hauteurs de la montagne, où il aura des poſtes de l'Infanterie de ſes Trou pes légères, pour tenir ces fommets contre les Chaffeurs & autres Infanteries légères de l'Ennemi, qui de Lubbecke paroît tenter d'y venir. Cet objet eft très-effentiel.

Mr. le Duc d'Avré doit être prévenu, que Mr. le Duc de Brifac, avec un gros Détachement eft derrière le Ruiffeau d'Eltz, qui obferve les mouvemens du Corps aux ordres du Prince héréditaire de Brunswic. Il doit tâcher de communiquer avec Mr. de Brifac par la gorge de Berkirgen; une partie de la Cavallerie des Volontaires de Dauphiné peut être employée à cet ufage, connoiffant les chemins. On prévient Mr. le Duc d'Avré, que les poftes de l'Armée placés le long du marais, depuis le village de Kolhoff, jufques & compris le Château de Hattenhaufen refteront dans la même pofition pour obferver le marais.

La Brigade de Lœwendal aux ordres de Mr. de Bizom Maréchal de Camp enttera ce foir après la retraite dans la Ville de Minden, pour garder le Rempart & la tête des trois Ponts. La plus grande partie & les plus gros Canons de Minden feront placés fur les Cavaliers de la Fortification pour protéger en cas de malheur la retraite de l'Armée, on placera auffi du Canon de cette manière dans l'Ouvrage qui eft à la tête du Pont de pierre de la Ville, pour en éloigner

les

les Troupes légères Ennemies, qui voudroient s'approcher de la tête des Ponts.

La retraite sera battue ce soir à l'ordinaire, elle servira de générale. L'Armée & la réserve de Mr. le Duc de Broglie se mettront alors en bataille à la tête de leur Camp.

La réserve de Mr. le Duc de Broglie débouchera par le Pont de pierre, ainsi qu'il a déjà été dit.

L'Armée débouchera de son Camp sur 8. Colomnes. Celle de la gauche aux ordres de Mr. le Comte de Guerchy sera composée des Brigades de Champagne & du Roi; elle passera le ruisseau sur le Pont de la gauche, laissant à sa gauche le bois d'Hamelbeck qui est au milieu du marais, vers le centre du Camp, elle s'arrêtera ensuite aux premières hayes du village d'Hellen, elle y restera en colomne jusqu'au point du jour qu'elle se formera en bataille, apuyant sa gauche aux mêmes hayes, & sa droite tirant sur l'alignement des maisons rouges. Huit pièces de Canon seront rendues ce soir à la Retraite à la tête de Champagne & du Roi, pour marcher à leur tête & y rester attachées pendant l'Action. Mr. de Sainte-Ville Aide-Major-Général des logis de l'Armée conduira cette colomne.

La

La seconde colomne de gauche, conduite par Mr. de Maugiron Maréchal de Camp, sera composée des Brigades d'Aquitaine & de Condé. Elles passeront, le ruisseau sur le Pont qui leur sera indiqué par Mr. Baudouin Aide-Maréchal des Logis de l'Armée, qui leur indiquera le point de la Crête du Rideau, où elles s'arrêteront en colomnes pour y attendre le jour, & ensuite se former en bataille. Six pièces de Canon seront rendues ce soir avant la Retraite à la tête de ces Brigades, pour y marcher & y rester attachées pendant l'Action.

La troisième colomne de gauche aux ordres de Mr. le Comte de Lusace sera composée des deux Brigades Saxonnes qui passeront le Ruisseau sur le pont qui leur sera indiqué par Mr. de Montaut, Aide-Maréchal des Logis de l'Armée qui leur indiquera de même le point de la crête du Rideau où elles s'arrêteront en colomne jusqu'au jour, pour se former en bataille, ensuite en seconde ligne, derrière les Brigades de Champagne, du Roi, d'Aquitaine & de Condé, à la distance de 400. pas & pareillement à ces Brigades.

La quatrième colomne de gauche aux ordres de Mr. de Filtz-James sera composée des Brigades de Cavallerie de Mestre de Camp, Croates & Royal-étranger, elles passeront le

Ruisseau

Ruisseau sur le Pont qui leur sera indiqué par Mr. d'Angers Aide-Maréchal des Logis de l'Armée, qui leur indiquera de même le point de la crête du Rideau, où elles resteront en Colomne jusqu'au jour; alors les Brigades du Mestre de Camp & Croattes se mettront en Bataille, apuyant la gauche du Mestre de Camp à la Brigade de Condé, la droite des Croattes s'allignant sur les maisons rouges; celle de Royal étranger se formera en même tems en seconde ligne derrière le Mestre de Camp, à 400. pas de distance.

La cinquième colomne de gauche aux ordres de Mr. le Marquis du Mesnil Lieutenant-Général sera composée des Brigades de Cavallerie du Colonel-Général le Roi & Bourgogne. Elles passeront le Ruisseau sur le Pont qui leur sera indiqué par Mr. du May Aide-Maréchal des Logis de l'Armée qui lui indiquera de même le point de la crête du Rideau, elles y resteront en colomne jusqu'au jour. Alors le Colonel-Général ira se former en Bataille, première ligne à la droite des Croattes sur l'alignement des maisons rouges. Les Brigades du Roi & de Bourgnogne se formeront en seconde ligne derrière le Colonel-Général & les Croattes.

La Sixième colomne de gauche aux ordres de Mr. de Beaupreau Lieutenant-Général sera composée des Brigades de Tourraine &

& de Rouergue, elles paſſeront le Ruiſſeau ſur le Pont qui leur ſera indiqué par Mr. d'Omgermain, & elles ſe porteront à la Redoute de Picardie, où elles s'arrêteront en colomne juſqu'au jour, ayant cette Redoute à la droite, elles ſe formeront enſuite en Bataille à la droite du Colonel-Général de Cavallerie. Huit pièces de Canon ſeront rendues avant la retraite à la tête de ces Brigades pour marcher à leur tête & y reſter attachées pendant l'Action.

La 7ᵐᵉ. Colomne de gauche aux ordres de Mr. de St. Germain Lieutenant-Général ſera compoſée des Brigades d'Auvergne & d'Anhalt; celle d'Auvergne paſſera le Ruiſſeau, ſur le Pont, qui lui ſera indiqué par Mr. d'Ouné attaché à l'Etat-Major de l'Armée, elle ira s'arrêter en colomne devant le Camp actuel de celle d'Anhalt qui eſt dans les jardins de la Ville, la Brigade d'Anhalt ne fera d'autres mouvements que de ſe mettre en Bataille en ſeconde ligne derrière Picardie & Belzunce.

La huitième Colomne de gauche aux ordres de Mr. de Nicolaï ſera compoſée des Brigades de Picardie & de Belzunce; elles déboucheront par l'intervalle qui eſt entre le front de leur Camp à la Redoute de Picardie, & s'allongeront en colomne, juſques auprès des maiſons rouges, où elles s'arrêteront

teront jusqu'au jour, qu'elles se formeront en Bataille, étendant leur droite vers le bois, & combinant ce mouvement avec la gauche & la Réserve de Mr. de Broglie. M. Grand-pré Aide-Maréchal des Logis de l'Armée conduira ces deux Brigades. Huit piéces de Canon du Parc seront rendues avant la retraite à la tête de ces deux Brigades, pour marcher à leur tête & y rester attachées pendant l'Action.

La Réserve de Mr. le Duc de Broglie formera la neuvième Colomne dont l'itinéraire est détaillé cy-devant. La Gendarmerie & les Carabiniers monteront à cheval à la tête de leur Camp actuel, au point du jour, & y attendront qu'on envoye les chercher pour venir se former en troisième ligne au Centre.

On aura 19. Ponts sur le Ruisseau depuis le bois d'Hamelbeck, qui est au milieu du marais vers le centre du Camp, jusqu'à la Ville; ces Ponts serviront pour faciliter la retraite de l'Armée en cas de malheur, & alors la gauche & le centre feroient leur retraite par ces Ponts, sur le Camp actuel, la droite & la Réserve de Mr. le Duc de Broglie, la feront sur la Ville, garniront les hayes des jardins, & placeront leur Canon en avant pour contenir l'Ennemi ; elles seront protégées par le Canon de la Ville.

Les

Les menus équipages escortés par 200. hommes d'Infanterie, 50. Chevaux & 2. Compagnies de Grenadiers attachés particulièrement au trésor, partiront au point du jour, pour se rendre derrière le village de Berckhausen aux ordres de Mr. de Lausun Lieutenant-Colonel.

Le Camp sera détendu, & les Chevaux de Pelotons se rendront au Rendez-vous des menus équipages.

Le Principal dépôt de l'Hôpital ambulant sera dans la Ville de Minden ; un autre considérable sera au village de Dulzen qui est auprès du Camp actuel de la Brigade de Rouergue. Un Détachement de ce même hôpital sera envoyé au village de Radenuphlen pour la Brigade de Navarre & les Troupes légères.

On indiquera à Mrs. les Officiers Généraux & aux Troupes, le lieu où Mr. le Chevalier Pelletier ordonnera de placer les dépots de munition qu'il forme pour la droite, le centre & la gauche. Le Parc d'Artillerie restera dans sa position.

Ordres de Mr. le Maréchal de Contades concernant la position de l'Armée & sa Marche pour la Bataille du 1. Août 1759. près de Minden.

Officiers Généraux du Jour.

Mr. le Comte de Noailles Lieutenant-Général.

Mr. de Rougrave Maréchal de Camp.

St. André & Amiens.

Mot de Raliement: Condé.

La Retraite servira de Générale.

L'Armée se mettra en Bataille à la tête de son Camp après la Retraite; toutes les Troupes attendront les ordres de l'Officier-Général, auquel elles seront subordonnées, excepté celles à qui il est prescrit des mouvemens préliminaires, pour faciliter le mouvement général après la retraite. La Brigage d'Aquitaine viendra se mettre en bataille en avant de celle de Condé, elle y attendra les ordres de Mr. le Comte de Guerchy, qui les addressera à Mr. de Maugiron Maréchal de Camp, lequel doit marcher avec les Brigades d'Aquitaine & de Condé.

La Brigade de Cavallerie du Roi ira se mettre en Bataille en passant par l'intervalle de la seconde ligne, à la tête de celle de Bourgogne, & celle du Colonel-Général ira se mettre en Bataille à la tête de celle du Roi,

Roi, devant le Camp de Bourgogne. Ces Brigades doivent former une même colomne, aux ordres de Mr. du Mesnil, elles se porteront en avant du Camp de Bourgogne & à 500. pas de lui; elles s'y mettront en Bataille l'une derrière l'autre, & elles attendront dans cette position les ordres de Mr. du Mesnil.

Après la retraite, les Brigades de Touraine & de Rouergue iront se mettre en bataille l'une derrière l'autre, dans le vieux Camp, où étoient les Troupes de Mr. le Duc de Broglie le 17. ayant le Ruisseau devant elles. Elles seront aux ordres de Mr. le Marquis de de Beaupreau Lieutenant-Général, Mr. Domgermain Aide-Maréchal des logis ira les prendre pour les conduire.

A la même heure la Brigade d'Auvergne se portera au bord du Ruisseau, vis-à-vis le Camp de Belzunce, aux ordres de Mr. le Comte de St. Germain. Mr. du Bois Officier attaché à l'Etat Major ira la prendre pour la conduire.

L'Armée marchera sur 8. Colomnes.

Celle à la gauche de Mr. le Comte de Guerchy sera composée des Brigades de Champagne & du Roi. Mr. de Surlaville ira les prendre, pour les conduire.

La 2me. Colomne de gauche sera composée des Brigades d'Infanterie d'Aquitaine &

de

de Condé ; cette Colomne partant de la tête du Camp de Condé ou Aquitaine sera aux ordres de Mr. le Marquis de Maugiron, elle sera conduite par Mr. Baudouir, Aide-Maréchal des logis.

La 3me. Colomne de gauche aux ordres de Mr. le Comte de Lusace sera composée de 2. Brigades Saxonnes, elle sera conduite par Mr. de Monteau.

La 4me. Colomne de gauche aux ordres de Mr. le Duc de Filzjames sera composée des Brigades de Cavallerie du Meftre de Camp, des Croattes & de Royal étranger ; elle sera conduite par Mr. d'Angers, en partant du Camp du Meftre de Camp.

La 5me. Colomne de gauche aux ordres de Mr. du Mesnil, sera composé des Brigades de Cavallerie du Colonel-Général, du Roi & de Bourgogne ; ces trois Brigades formées en colomne à environ 500. pas en avant de Bourgogne, attendront que Mr. du Mesnil leur donne fes ordres ; elle sera conduite par Mr. du May.

La 6me. Colomne de gauche aux ordres de Mr. de Beaupreau sera composée, des Brigades de Touraine & de Rouergue ; ces Brigades partant du terrain, où elles seront mises en bataille au bord du Ruiffeau, seront conduites par Mr. Domgermain.

La

La 7me. Colomne de gauche fera compofée des Brigades d'Auvergne & d'Anhalt, aux ordres de Mr. le Comte de St. Germain. Mr. du Bois conduira la Brigade d'Auvergne, depuis le terrain où elle fe fera mis en bataille, jufqu'à fa deftination; celle d'Anhalt attendra à la tête de fon Camp les ordres de Mr. le Comte de St. Germain.

La 8me. Colomne aux ordres de Mr. le Chevalier de Nicolaï, fera compofée des Brigades de Picardie & Belzunce & fera conduite par Mr. de Grandpré.

Les Grenadiers de France & Royaux, aux ordres de Mr. de St. Pern attendront à la tête de leur Camp les ordres de Mr. le Duc de Broglie.

La Brigade de Loewendal aux ordres de Mr. du Bezom fe mettra en marche pour fe rendre dans la Ville.

Celle de Navarre aux ordres de Mr. le Duc d'Avré fuivra où elle eft, les ordres qu'il recevra.

Dans tous les mouvemens que l'Armée fera cette nuit, on ne battra & on ne fonnera pour rien. On obfervera le plus grand filence.

No. XIV.

MEMOIRES
POLITIQUES & MILITAIRES
POUR SERVIR à
L'HISTOIRE
DE NOTRE TEMS.

No. (XIV.)

SUITE DES OPÉRATIONS DES ARMÉES FRANÇOISES EN ALLEMAGNE EN 1759.

Les menus Equipages de l'Armée & ceux du Quartier-Général escortés par 200. Fusiliers, 50. Chevaux & 2. Compagnies de Grenadiers partiront au point du jour, pour se rendre derrière le village de Berghausen, sur le Chemin de Minden à Herworden, ils y seront aux ordres de Mr. Lauzun.

Le Camp sera détendu, & les chevaux de peloton se rendront au Rendez-vous des menus équipages à la pointe du jour.

Mr. le Chevalier Pelletier a une instruction particulière pour l'Artillerie. Quant au Parc d'Artillerie, il restera dans sa position ; & l'Hôpital ambulant a son ordre particulier.

(O)

Un

Un Officier Major de Brigade ira chez Mr. de Courcillon à minuit.

Relation & Détail de la Bataille de Todenhausen près de Minden, entre l'Armée Françoise & celle des Hanovriens du 1er. Août 1759.

Mr. le Prince Ferdinand avoit détaché de son Armée Mr. le Prince héréditaire avec un Corps de 12000. hommes, pour aller par Lubbecke sur les derrières de l'Armée.

Mr. le Maréchal de Contades a jugé ne pouvoir trouver un moment plus favorable pour l'attaquer ; Le Camp, que Mr. le Prince Ferdinand avoit pris, en aprochant sa droite au marais, qui de Lubbecke vient à Minden, a paru à Mr. le Maréchal une raison de plus pour attaquer ; son flanc gauche lui paroissant affoibli & étendu. La droite de l'Armée ennemie étoit derrière le village d'Hille, & la gauche derrière celui de Todenhausen, & cette Armée tenoit encore au Weser par un Corps particulier campé entre le village de Todenhausen & celui de Petershagen. C'est sur ce Corps particulier que Mr. le Maréchal a jugé nécessaire de faire ses premiers efforts, pour le culbuter, & embrasser ensuite le flanc gauche de l'Ennemi.

Mr.

Mr. le Duc de Broglie avec les Troupes de sa Réserve a été chargé de cette Attaque; on l'a renforcé de 8. Bataillons de Grenadiers de France & Royaux, de 6. piéces de Canon de 12. & de 4. Obuziers; il lui étoit prescrit dans la disposition générale, d'attaquer l'Ennemi vivement, pour ne pas donner le tems à Mr. le Prince Ferdinand, d'arriver sur notre gauche qu'on avoit faite moins forte en nombre de Troupes parcequ'on vouloit faire le principal effort par notre droite.

L'Armée s'est formée en Bataille au point du jour, apuyant sa gauche au marais, occupant le village d'Halen & les hayes qui l'environnent jusqu'à une grande Bruyère. Quatre Brigades d'Infanterie aux ordres de Mr. le Comte de Querchy formoient la gauche de la première Ligne, soûtenue en seconde ligne par le Corps de Troupes Saxonnes, aux ordres de Mr. le Comte de Lusace. Trois Brigades de Cavallerie, aux ordres de Mr. le Duc de Filtz-james formoient le Centre de l'attaque de la troisième ligne dans une Bruyère, qui est entre le village d'Halen & celui de Stemmesen; elles étoient soûtenues par trois autres Brigades de Cavallerie en deuxième ligne aux ordres de Mr. du Mesnil. La Gendarmerie & les Carabiniers étoient en Réserve en troisième ligne

der-

derrière le centre. La droite de la ligne étoit compofée de 4. Brigades d'Infanterie, aux ordres de Mr. de St. Germain.

La Réferve de Mr. le Duc de Broglie faifoit la droite de tout, renforcée du nombre de Troupes qu'on a déjà dit. Mr. le Chevalier de Nicolaï avoit ordre de concerter fes manœuvres avec Mr. le Duc de Broglie, & même de le foûtenir pour faire dans cette partie un effort plus décifif.

L'Action a commencé à cette droite à 5. heures du matin par une Canonade fort vive entre les Troupes de Mr. le Duc de Broglie, & le Corps de l'Ennemi, qui étoit pofté au village de Todenhaufen. Cette Canonade a duré près de 3. heures. Mr. le Duc de Broglie ayant trouvé plus de Troupes dans cette partie, qu'on ne l'avoit imaginé la veille, & en ayant rendu compte à Mr. le Maréchal, l'engagea à joindre à Mr. de Nicolaï les Brigades de feconde Ligne.

Mr. le Duc de Broglie joignit Mr. le Maréchal, pour demander fes Ordres, dans le moment que l'Action a commencé à la gauche & au centre. Mr. le Prince Ferdidinand a eu le tems de raprocher fur fon centre les Troupes de fa droite; il les a fait déboucher promptement. Six Bataillons Anglois, & 3. d'Hannovriens formés fur

deux

deux fignes, ont débouché fur la Bruyere fans Canons, vis-à-vis de notre Cavallerie, tandis que d'autres Troupes à la veue du Canon ont attaqué la gauche, aux ordres de Mr. le Comte de Guerchy, qui a foûtenu cette attaque avec beaucoup de fermeté. Mr. le Duc de Filtz-james voyant déboucher cette Infanterie Angloife, vis-à-vis de lui, a fait marcher une partie de fa Cavallerie fur cette Infanterie, qui, fans s'étonner a fait un feu de moufqueterie très vif, que notre Cavallerie n'a pas pu foûtenir.

Mr. le Maréchal arriva alors au centre de la droite, où étant, il ordonna à Mr. le Marquis de Beaupreau, d'occuper avec les Brigades d'Infanterie de Touraine & Rouergue, & 8. piéces de Canon, quelques maifons entourées de hayes, appellées Stemmefen, qui étoient en avant de la droite de nôtre Cavallerie, pour la protéger & prendre à revers cette Infanterie Ennemie, qui s'avançoit avec tant d'audace; pendant que cet ordre s'éxécutoit, quelques Brigades de Cavallerie marchèrent de nouveau fur cette Infanterie Ennemie, qui foûtint cette feconde attaque avec la même fermeté. La Gendarmerie & les Carabiniers firent avec auffi peu de fuccès une troifième charge. Mr. de Poyanne qui les commandoit fut bleffé de deux coups de feu, & de quelques coups de

fabre

fabre. La droite de la Cavallerie conduite par Mr. de Vogué, en fit une quatrième auffi infructueufe. Mr. le Prince de Condé a chargé à la tête de la Cavallerie à toutes ces différentes charges avec la plus grande valeur.

Toute cette Cavallerie mife en déroute, le centre fut percé. Les Brigades de Touraine, & de Rouergue, qui n'avoient pas encore achevé d'occuper les maifons dont on vient de parler, furent attaquées par leur flanc droit par plufieurs Efcadrons de Cavallerie, ils fouffrirent prodigieufement. Mr. de Beaupreau, qui les commandoit, fut bleffé de plufieurs coups de fabre ; & Mr. de Monty de 2. coups de feu ; elles fe replièrent fur les Brigades d'Auvergne & d'Anhalt, que Mr. le Maréchal plaça à la hâte dans les hayes en arrière de la Bruyère ; l'Ennemi fe rendit maître de ces maifons, & de la Brigade de Rouergue, il y plaça du Canon qui tira avec beaucoup de vivacité.

Tandis que ces différentes attaques fe faifoient au centre & à la droite, l'Ennemi pouffa avec beaucoup de vivacité celle de la gauche. Mr. le Comte de Luface foûtint les Brigades de première ligne, il attaqua avec quelques Bataillons Saxons une tête de Colomne d'Infanterie Ennemie, qui débouchoit fur lui : mais malgré tous les efforts,

qu'il

qu'il a fait de fa perfonne & de fes Trou-pes, les Brigades d'Aquitaine & de Condé furent obligés de fe replier avec beaucoup de perte. Mr. de Maugiron, qui les com-mandoit fut bleffé de deux coups de feu.

Mr. le Maréchal, voyant le défordre gé-néral qui commençoit à fe mettre dans fon Armée, ordonna la Retraite. Mr. de Guer-chy & Mr. le Comte de Luface replacèrent dans le Camp, les Brigades d'Infanterie de la gauche, qui pafsèrent le Ruiffeau fur les dif-férents ponts. Les Troupes de Mr. le Duc de Broglie firent leur Retraite fur la Ville de Minden, & la Cavallerie entra de même dans le Camp.

Ce fut dans le moment de cette Retrai-te, que Mr. le Maréchal aprit, que Mr. le Duc de Brifac avoit été attaqué & battu près de Goefeld fur la Verra, par le Corps de Mr. le Prince héréditaire, & que ce Prince étoit le maître du Pont de Goefeld; il aprit en même tems par le Commandant de l'ef-corte des gros équipages qui étoient à Ra-men, que les Ennemis marchoient à lui, & que pour fe garantir, il avoit fait bruler le Pont des Salines de Ramen; ce Pont de Goe-feld, occupé par l'Ennemi, & celui des Sa-lines brulé, qui devoit fervir à la Retraite de l'Armée, déterminèrent Mr. le Maréchal à faire paffer le Wefer à l'Armée, pour fe

O 4

retirer

retirer fur Eimbeck ; & l'ordre de paffer le Wefer fut donné aux équipages, au Convoy de Pain qui étoit à l'Armée, & aux Troupes.

Mr. le Maréchal alla à Minden pour y faire les difpofitions de cette Retraite par un pays où rien n'étoit préparé à cet effet.

Quoique l'on ne pût pas fçavoir au jufte la perte que firent les François dans cette journée avant d'en avoir le détail des Majors des Corps, on fçait que la Gendarmerie y a beaucoup fouffert, qu'il n'y a eu aucun Officier Général de tué ; mais Mr. de Lutzelbourg a été pris.

5. Officiers Généraux bleffés,
179. Officiers de Cavallerie, tués, bleffés, ou prifonniers.
259. Officiers d'Infanterie, idem.
1528. Cavaliers, idem.
5114. Soldats Infanterie, idem.

Total 7085. Officiers Généraux & autres, Cavaliers & Soldats tués, bleffés, prifonniers, ou perdus.
2128. Chevaux tués, ou perdus.

Extrait d'une lettre du Prince Ferdinand du 9me. Août concernant l'affaire du 1er. Août.

„ Notre perte eft très médiocre, l'on
„ doute fi elle excede en morts & bleffés le
„ nombre de 2000. hommes ; mais du côté
„ des

„ des Anglois, elle surpasse de la moitié celle
„ de l'Armée, elle pouvoit monter à 4000.
„ hommes. Le Prince héréditaire en a été
„ qu'te pour une trentaine dans son affaire
„ avec le Duc de Brisac. Le Champ de
„ Bataille s'est trouvé jonché de Corps morts,
„ de Soldats blessés & étendus parmi une
„ prodigieuse quantité d'armes, de selles &
„ de bottes. Nous savons par des lettres
„ interceptée, que les François eux-mêmes
„ évaluent à plus de 10000. hommes la
„ perte qu'ils ont fait dans cette journée.
„ Le désordre s'est mis dans les équipages
„ au passage du Weser, les ponts de bat-
„ teaux se rompirent, & quantité d'Officiers
„ blessés tombèrent avec leurs chariorts & se
„ noyèrent.

„ Le lendemain de la victoire on comp-
„ toit 1000. hommes blessés & pris par les
„ vainqueurs, avec 25. Canons. 10. éten-
„ darts ou Drappeaux & une paire de tim-
„ balles. Les Gardes Hannovriennes arra-
„ chèrent seules 6. étendarts, plus de 100.
„ montres d'or, & d'autres effets précieux.

„ Le Prince héréditaire qui le 4me. &
„ le 5me. passa le Weser à Hamelen, est
„ actuellement à la poursuite avec un Corps
„ de 5000. hommes sans les Troupes légè-
„ res de l'Armée. Ce Prince talonne &
„ harcele les fuyards depuis le matin jusqu'au
O 5 „ soir.

,, foir.   Mr. le Prince Ferdinand arrive de-
,, main 9me. de ce Mois à Stuckenbroc.
    ,, Le Général d'Urf devoit nous joindre
,, à Paderborn, avec 20. Efcadrons & 5.
,, Bataillons de Grenadiers.   En páffant à
,, Detmolt, il enleva à l'Ennemi tout legros
,, équipage, avec l'efcorte de 800. hommes,
,, tant Cavallerie qu'Infanterie.   Le butin
,, eft immenfe, & la caiffe militaire des
,, Troupes Saxonnes de la valeur de 40000.
,, Florins d'Allemagne en fait partie.   Nous
,, nous fommes encore emparés des Bagages
,, du Maréchal de Contades, de ceux du
,, Prince Condé, du Comte de St. Ger-
,, main & du Duc de Brifac, avec les Ar-
,, chives & des papiers de conféquence.
,, Cette capture ne peut que caufer dans plus
,, d'un endroit des inquiétudes bien vives.
,, Ne me demandez pas où fe trouve l'Ar-
,, mée difperfée du Maréchal de Contades;
,, les Prifonniers, que nos Chaffeurs nous
,, envoyent à tous momens s'eftiment heu-
,, reux de trouver chez nous un foulagement
,, à leur mifère; ceux-ci nous viennent par
,, trentaines à la fois, les déferteurs pareille-
,, ment. "

Dans la perfuafion où étoit Mr. le Maréchal de Contades qu'il falloit prévenir les
ennemis en Heffe, il ordonna à Mr. le Duc
de Broglie d'y arriver le plus promtement
qu'il

qu'il lui feroit poffible. Il partit le 5. en même tems que l'Armée; en arrivant près d'Hamelen, il trouva la divifion de Mr. de St. Germain en Bataille, & fes Officiers Généraux occupés à former les difpofitions pour recevoir les Ennemis qui vouloient déboucher près d'Hamelen. Mr. le Duc plaça fa Réferve en 2me. Ligne, derrière la Divifion de Mr. de St. Germain.

Il étoit d'autant plus vraifemblable que les Ennemis pouvoient déboucher près d'Hamelen, que l'on avoit vû le Corps du Prince héréditaire, y marcher par la rive gauche du Wefer. Il arriva fur les 4. heures du foir & y campa, ainfi qu'il n'y eût que quelques coups de fufil & de Canon tirés fur les Chaffeurs & les Volontaires.

Mr. le Duc continua fa route, il arriva dans 4. marches forcées à Dramsfeld; il y aprit que les Chaffeurs y avoient paffé dans la journée. Le lendemain il eut avis, que les Ennemis paroiffoient fur les hauteurs des défilés de Minden, dont le paffage étoit difficile & embarraffé par des abbatis; il fentit la néceffité de ne pas laiffer avancer les Ennemis en force fur les défilés. Il fit marcher fur le champ les Troupes légères, foûtenues par les Grenadiers, qu'il fit fuivre du refte de fa réferve. En arrivant près du défilé, on vit 8. à 900. Chaffeurs, qui

com-

commencèrent à cannoner la tête des Troupes, on les diſoit ſoûtenus par un Corps de 2000. hommes, qui faiſoient l'Avant-Gande du Prince héréditaire. Dans une circonſtance auſſi importante, Mr. le Duc ne perdit pas un moment à faire ſes diſpoſitions pour les attaquer, ils n'attendirent pas, qu'elles fuſſent achevées, ils ſe retirèrent. La Réſerve arriva tranquilement à Minden.

Pendant le tems, que Mr. le Duc gagnoit la Heſſe à grandes journées, Mr. le Maréchal continuoit ſa retraite : les Ennemis ont attaqué pluſieurs fois ſon Arrière-garde, mais toûjours ſans ſuccès. Le 7. les Grenadiers de France les repouſsèrent vigoureuſement. A Eimbeck, ils ne furent pas reçus le 10. avec moins de vigueur par Monſ. le Comte de St. Germain, qui occupoit avec ſa Diviſion les hauteurs du défilé de Minden, pour couvrir le paſſage de l'Armée. Il fut attaqué à 5. heures après-midi par un Corps conſidérable, qui avoit beaucoup d'Artillerie, les Troupes y montrèrent la plus grande fermeté. Les ennemis furent obligés de ſe retirer avec une perte conſidérable.

Le 11me. l'Armée arriva à Minden, elle a perdu ſes gros équipages qu'on avoit envoyé a Hervorden. Ceux de la réſerve de Mr. le Duc de Broglie qui avoient paſſé à la rive droite du Weſer, ont été en ſeureté.

Du

Du reste on n'a perdu de menus équipages, que ceux, qui ont été abandonnés, par des valets, qui se sont écartés de la Colomne.

Quoique les Marches forcées que firent les Troupes les eussent très-fatiguées elles ne furent point découragées, elles ont même montré de la bonne volonté à donner pendant la retraite. L'Armée établit le 12. Août son Camp en avant de Cassel à la rive gauche de la Fulde; il n'y eut que Mr. de St. Germain qui resta avec trois Brigades d'Infanterie, sur les hauteurs de Luzelbourg.

La Réserve de Mr. le Duc de Broglie campa en avant de l'Armée à Oberwestern ainsi que celles de Mr. d'Armentières & de Chevreuse après s'être reünies à Volshagen, ayant des Détachemens en avant, sur la gauche à Falkenstein & Corbei.

Le 27. Mr. le Maréchal d'Armentières partit sur les 4. heures du matin, son Armée fut remise aux ordres de Mr. le Duc de Broglie; le même jour toute sa Cavallerie repassa à la grande Armée. Le soir Mr. de Broglie se porta sur les hauteurs pour y reconnoître l'Ennemi, il ordonna que chacun fût sous les armes, il attendit, que cet ordre fût envoyé à Mr. Fischer, pour veiller avec plus d'attention que jamais. Le 28. sur les 2. heures du matin l'Ennemi se porta en avant, il se saisit des Grenadiers de

Prague,

Prague, faisant partie du Corps de Fischer, qui posérent les armes bas, sans tirer un seul coup de fusil; l'Ennemi entoura ensuite Fischer dans son quartier, il posta son Canon en avant ayant forcé les postes, Mr. Fischer averti de cet événement monta à Cheval, & voulut faire face à l'Ennemi qui l'avoit entouré; les momens lui devinrent précieux, il falloit, qu'il mît les armes bas, ou qu'il se fît faire jour. Il opta, il perça avec vivacité, différens Escadrons de Cavallerie; en se retirant il tomba dans d'autres Troupes, mais devant céder à la force, il fut obligé de replier, il tomba dans des Ravins, & perdit beaucoup de monde par les abbatis. Le bruit du Canon & des armes fut entendu des postes avancés; l'allerte fut annoncée par tout. Deux Bataillons du Régiment de la Tour du Pin, les Régimens du Roi d'Orléans & la Ferronnaye Dragons qui couvroient le Quartier-Général furent les premiers qui se mirent en Bataille, sur tout le Colonel du Régiment du Roi, qui sortit seul à la tête d'un Escadron pour charger l'Ennemi.

Mr. le Duc de Broglie toûjours survéillant, fit battre la générale, il fit avancer les 2. autres Bataillons de la Tour du Pin avec leur Canon, & il fit mettre son Armée en Bataille. Les Ennemis ayant fait

avan-

avancer du Canon, en tirèrent plufieurs coups
Mr. De Broglie voyant que fes batteries qui
étoient fur la hauteur, ne pouvoient y re-
pondre, fit retirer fes Dragons une partie à
droite & l'autre à gauche; les Ennemis ne
jugeant pas à propos d'avancer, leur Troupes légères ne firent que houzarder, jufqu'à
4. heures du foir.

Le 2. de Septembre Mr. le Duc de Broglie a voula faire un fourrage à Gifelberg,
les Volontaires qu'il a envoyé dans le bois,
y ont trouvé des Chaffeurs qui les ont re-
pouffé, les chevaux de l'Artillerie, ayant
été tués, ils ont abandonné leur Canon.
Mr. la Noue s'eft pofté avec fon Détachement, a rétabli le Combat, & repris le
Canon, les Régimens de Schomberg & d'Apchon ont favorifé la retraite, il y a eu 10.
bleffés, qu'il a ramené à Marbourg.

Sur les nouvelles que Mr. d'Armentières reçut le 2. Septembre que les Alliez raf-
fembloient des Troupes pour faire le Siége de Munfter, il a envoyé 1500. hommes dans Cologne; il eut auffi avis que
les Ennemis avoient marché par leur gauche,
& que leur projet pouroit être d'attaquer les
poftes avancés de la Légion Royale, & qu'o-
bligeant Mr. de Chabo à abandonner Kir-
ken, ils pourroient venir fe placer fur la
hauteur, en avant de cette Ville.

Dès

Dès le 1er. de Septembre Mr. le Prince de Holstein Gottorp s'étoit posté à Rodenau, & il a continué sa marche les jours suivans.

Le même jour 2. Septembre, vingt trois piéces, de gros Canon partirent de Francfort, & arrivèrent en peu de jours au Camp de Muntzler, dont les ennemis n'étoient pas fort éloignés, ils avoient un Camp vis-à-vis les Troupes commandées par Mr. de Melfort & quoique l'on entendit tirer le Canon sur Marbourg, l'on ne pouvoit croire, que les Ennemis voulussent descendre la Lohne. Mr. de Chabo ne fut point attaqué ; les Patrouilles qu'il avoit devant lui se faisoient à l'ordinaire.

Mrs. les Maréchaux étant monté à Cheval, allèrent reconnoître la droite & la gauche de ce Camp dont ils virent presque tous les ouvrages finis. Ils allèrent ensuite à la vûe de Marbourg & de-là jusque vis-à-vis Werth, d'où ils découvrirent le reste de l'Armée Ennemie, qui étoit toûjours campée dans la même position, ce qui ne leur donna aucun éclaircissement sur les manœuvres qu'elle devoit faire.

No. XV.

MEMOIRES
POLITIQUES & MILITAIRES
POUR SERVIR à
L'HISTOIRE
DE NOTRE TEMS.

No. (XV.)

SUITE DES OPÉRATIONS DES ARMÉES FRANÇOISES EN ALLEMAGNE. EN 1759.

Sur des avis que Mrs. les Maréchaux reçurent en même tems, ils ont fait camper l'Armée sur 5. Colonnes, à Muntzler, la droite apuyée à des hauteurs, ainsi que la gauche, le village de Statsenberg au Centre. Les Ennemis étoient à Vetter, avec un petit Corps en avant, la réserve de Mr. le Duc de Broglie longea le Lohn. On avoit laissé 800. hommes dans le Château de Marbourg, aux ordres de Mr. du Plessis, Commandant d'un Bataillon de Piemont qui a fait fortifier ce Château.

Mr. de Contades s'étant retiré avec son Armée sous Giessem, la Garnison du Château de Marbourg se vit abandonnée & fut forcée de Capituler le 11 de Septembre. Mr. le Maréchal

réchal se contenta de se poster avantageusement à Klein-Linnes & d'étendre sa Réserve jusqu'à Wetzlar. Les Ennemis ayant pris Marbourg s'avancèrent du même côté; le Prince Ferdinand opposa le Général de Wangenheim à la ditte Réserve & s'établit lui-même avantageusement à Croffdorf (*), Position que les deux Armées ont gardé constamment jusqu'au départ de Mr. de Contades. Mr. le Maréchal d'Etrées étant venu faire un tour à l'Armée peu auparavant, aida beaucoup par ses sages Conseils, à prévenir les desseins des Ennemis qui cherchoient à engager Mr. de Contades à leur céder tout le Cours du Lahn. Mr. de Broglie qui pendant ces entrefaites avoit été faire un tour à Versailles, en revint pour se charger de la conduite de cette Armée.

Finissons donc ici la présente histoire des Campagnes de Mr. le Maréchal de Contades. Nous y ajouterons seulement quelques Lettres Hannovriennes pour servir de preuves & d'éclaireissement touchant la Bataille de Minden & ses suites, lesquelles Lettres nous accompagnons d'un Plan détaillé des Batailles de Minden & de Goeffeldt.

(*) Voyez la Nouvelle Carte cy-jointe & très exacte des environs de la Lahn.

EX-

EXTRAITS DE LETTRES E'CRITES DE L'ARME'E ALLIE'E, TOUCHANT LA BATTAILLE DE MINDEN ET SES SUITES.

LETTRE I.

Du Camp de l'Armée Alliée à Dieſſen le 7. Juillet 1759.

Nous sommes ſurpris de lire un détail de tant d'exploits des Troupes de l'Ennemi, dont le Public a été inondé depuis qu'ils ſont entrés en Weſtphalie. Aucun de ces grands Combats n'a éxiſté, ou n'a point éxiſté du moins de la manière qu'ils le débitent. Nous leur cédons volontiers l'avantage de nous faire du mal dans les Gazettes, & d'y joindre leurs brillantes manœuvres, leurs marches ſavantes, & la beauté des Corps dont leur Armée eſt compoſée, nous contentant de travailler ſans oſtentation au bien de notre cauſe, & en faiſant notre poſſible pour déconcerter leurs projets; Cependant il ne ſe paſſe guère de jour, que nos Troupes légères n'ayent des avantages ſur celles des Ennemis, ſans que perſonne de notre Armée ſe donne la peine d'en régaler le Public, encore moins d'en exagérer les objets, & d'en com-

P 2

poſer

poser de pompeuses Relations ; mais, puisque vous insistez si fortement d'être mis au fait de ce qui se passe de notre côté, je tâcherai de rassembler quelques-unes des actions les plus récentes de notre petite Guerre.

Le premier Juillet, les Régimens de Hussars François de Turpin & de Berchini voulurent surprendre le Lieutenant-Colonel Narzinsky, qui étoit posté avec 4. Escadrons de Hussars à Guntersslo. Mr. de Narzinsky, en ayant été averti, marcha au devant de l'Ennemi, & l'attaqua avec autant de bravoure que de succès. Une partie fut embourbée dans les Marais, & le reste dispersé & chassé jusqu'à Rittberg. Ils laissèrent une centaine de morts sur la place, & 73. Prisonniers, y compris les Officiers, entre nos mains.

Le 5. l'Ennemi avoit poussé un gros Détachement à Melle. La Garde, d'un Caporal & de 12. Miliciens, se laissa surprendre ; Il y en eut 8. de pris. Dès-que cette Nouvelle arriva au Quartier-Général, quelques Bataillons se mirent en marche, pour chasser l'Ennemi de ce Poste ; ce qui fut exécuté sans peine après une légère résistance de la part des François, qui leur coûta pourtant du monde. Nous avons pris sur eux 2. Capitaines, 4. Officiers, 80. Hommes des Volontaires de Clermont, & 26. Chevaux. Ce même jour, notre Poste de Halle fut attaqué,

qué, & se défendit longtems avec intrépidité, malgré la grande supériorité de l'Ennemi : S'étant enfin replié sur le Ravensberg, où nos petits Postes avancés avoient eu le tems de se réünir, les Ennemis marchèrent à grands pas, pour les y forcer; mais quelques coups de canon, & quelques décharges de nos Arquebusiers les renvoyèrent plus vîte qu'ils n'étoient venus : Ils furent chassés avec perte, & poursuivis au-delà de Halle.

Le 7. à la pointe du jour, Mr. le Major Friderichs, des Chasseurs, attaqua un gros Détachement ennemi entre Engern & Neukirchen; Mr. Friderichs n'avoit avec lui que 100. Chasseurs à pié & 36. à cheval; il attaqua cependant avec tant de succès, que tout le Détachement ennemi fut tué ou pris.

Voici encore un coup, que Mr. le Lieutenant-Colonel Freitag, des Chasseurs, vient de frapper du côté de Munden: Ce coup ne sauroit être, ni plus beau, ni plus heureux. Il a détruit les Volontaires d'Alsace, commandé par Mr. de Beyerlé, qui a été pris avec 27. Officiers, 30. Bas-Officiers, & 182. Communs. Mr. Freitag avoit dirigé sa marche avec tant de prudence & de secret, qu'il se trouva le cinquième à la pointe du jour à une lieue de Munden, d'où il prit sur sa droite en descendant la Rive droite du

 Wezer,

Wezer, vers le Village de Hamel, à deux lieues de Munden, où les Volontaires d'Alsace étoient postés. L'Ennemi ne s'attendoit à rien moins qu'à voir arriver Mr. Freitag par ce chemin-là ; ce qui donna le tems à nos Chasseurs à cheval de devancer les Postes avancés sans être apperçus. Mr. Freitag partagea d'abord sa Troupe, & fit attaquer le Village par deux différents endroits, tandis qu'une partie de ses Chasseurs se posta sur le chemin de Munden, pour couper le secours qui pouvoit venir de ce côté-là, & un autre parti sur la route de Bursfeld, où il y avoit un Détachement des Volontaires d'Alsace. Dès-que nos Grenadiers approchèrent du Village, les François voulurent se retirer vers Munden ; mais nos Chasseurs les repoussèrent vivement. Ils tentèrent ensuite de se sauver vers Bursfeld ; mais nos Chasseurs à cheval tombèrent sur eux avec tant d'impétuosité, qu'ils les forcèrent de reprendre le chemin du Village, où les nôtres entrèrent en même tems, & les serrèrent de si près, que quelques-uns tâchèrent de se sauver à la nage. Ils furent emportés par le torrent ; d'autres périrent en se jettant dans deux petits Bateaux, qu'ils coulèrent à fond ; tout le reste fut pris ou tué.

L'affaire finie à Hamel, Mr. Freitag se mit d'abord en marche vers Bursfeld, où ces mêmes

mêmes Volontaires d'Alsace avoient posté un gros Détachement. Le Village fut entouré, sans que l'Ennemi l'apperçut. La disposition faite, Mr. le Capitaine Bulow fut envoye pour sommer le Commandant du Détachement; mais l'impatience de nos Chasseurs l'avoit prévenu: il les trouva déjà dans le Village, où ils avoient forcé l'Ennemi à mettre les armes bas, & à se rendre à discrétion.

Le même jour, un Détachement François de 40. Hommes, commandé par un Capitaine & 2. Officiers, s'avantura jusqu'à Uslar pour y presser des Chariots. Ayant appris que Mr. le Lieutenant Scheiter y étoit posté avec 24. Chasseurs, ils voulurent rebrousser chemin vers Munden; Mais, malgré la légèreté de leur retraite, Mr. Scheiter les atteignit; Et, nonobstant leur supériorité, il les attaqua & les força de se rendre prisonniers de guerre.

Voici la Liste des Prisonniers, que Mr. Freitag a fait dans son expédition.

1. Colonel Mr. Beyerlé, 1. Lieutenant-Colonel Mr. Cromont; 15. Capitaines, Mrs. Bourdon, Conrad, Nansé, Baumgarten, Maisonblanche, Kellermann, Diedrich, du Portal de la Silvé, de Schmiedbourg, de Coubise, Comte d'Isenbourg, Beyerlé, Erin, Waxheim, & Hugel.

1. Aide-

1. Aide-Major Mr. Nanfé ; 8. Lieutenans, Mrs. le Baron von Feldren, Regel, Groffe, Gody, Medifin, Sequin, St. Vincent, & Wigeler ; 1. Enfeigne Mr. Perrault. En tout 28. Officiers, 30. Bas-Officiers, 182. Communs, & 4. Tambours.

LETTRE II.

De Diepnau, le 12. Juillet.

Hier, Son A. S. Mgr. le Prince Héréditaire de Brunfwic détacha Mr. le Lieutenant-Colonel de Luckner vers les Frontières de l'Electorat de Hanover. Celui-ci fe mettant en marche avec un Efcadron de fes Huffars, fort de 120. Hommes, reçut avis, qu'un Détachement François, compofé de 400. Maîtres, s'étoit pofté à Holthaufen : Mr. de Luckner prit la réfolution d'attaquer ce Détachement à la faveur de la nuit; Et il compaffa fi bien fes difpofitions, que vers la minuit il furprit le Colonel Commandant de la Salle, & mit fon Détachement fi fort en déroute, que tous ceux, qui le compofoient, tâchèrent de fe fauver la feule chemife fur le corps : Il leur fit beaucoup de Prifonniers, & prit nombre de Chevaux; Et la plûpart de ceux, qui fe font fauvés, ont été bleffés.

Le

Le coup porté, Mr. de Luckner s'est replié, sans être poursuivi, pas à pas, vers le Village de Diepnau, où il a trouvé les Huffars de Malachowski & de Ruefch. Le Comte de la Salle, Colonel Commandant, le Capitaine d'Artor, & le Cornette de la Salle font parmi les Prifonniers.

Ce matin, & dans le moment que je vous écris, l'Ennemi paroît vouloir se venger. Nous allons l'attaquer, je vous en dirai la réüffite.

P. S. Je reprens ma Lettre. L'Ennemi, après s'être renforcé d'un autre Détachement de Cavalerie, fort de 600. Hommes, s'est avancé avec la plus belle contenance du monde; Mais Mr. de Luckner, & le Lieutenant-Colonel de Narzinski, à la tête des Huffars, dont j'ai parlé, l'ont dérouté totalement: Ils lui ont bleffé bien du monde, & fait 150. Prifonniers, parmi lesquels se trouve Mr. de Villars, qui commandoit le Détachement. L'Ennemi a été pourfuivi jusqu'à une lieue & demie de Minden; Et toute notre perte ne monte pas au-delà de 3. Hommes.

L E T T R E III.

De Stoltzenau, le 15. Juillet.

Vous favez déjà que Minden a été furpris par le Corps d'Armée de Mr. le Duc de Broglie. La Ville n'étoit pas en état de foûtenir un Siége ; elle manquoit de Canons & de Munitions: mais les Ennemis n'avoient pas non plus le tems d'y ouvrir la tranchée, puifque nous leur ferions venus fur les bras. La Garnifon confiftoit en 7. à 800. Hommes, compofée d'un Bataillon de Milice Heffoife, de 250. Soldats de Troupes réglées, & de 100. Miliciens Hanovriens. Nous avons de quoi les échanger. La pauvre Ville a été pillée & faccagée durant l'efpace de deux heures.

Après la prife de Minden, Mr. le Duc de Broglie avoit fait des Détachemens fur Nienbourg, dans la vue de furprendre cette Ville ; mais nos Huffars & Chaffeurs s'empreffèrent d'arriver à Stoltzenau. Le 12. ils rencontrèrent à Diepnau le Détachement François. Mr. le Lieutenant-Colonel Luckner, qui avoit précédé les Huffars Pruffiens, furprit une partie de ce Détachement, tant au lit, qu'occupés d'autres chofes que des armes. Une centaine en furent tués, & cinq Officiers pris, fans perdre un feul Homme.

des

des nôtres. Les Ennemis se rassemblèrent sur ces entrefaites ; Et, voulant marcher à Mr. Luckner pour se venger de lui, ils rencontrèrent quelques Escadrons d'Hussars Prussiens avec 2. ou 300. Chasseurs à pié, munis d'un couple de petits Canons. Les François avancèrent sur les Hussars au grand gallop: mais une vingtaine de coups de canon les mirent en désordre. Nos Chasseurs s'en étant apperçus, fondirent sur eux avec une telle furie, qu'ils en sabrèrent & blessèrent un grand nombre, & firent 182. Prisonniers, parmi lesquels se trouve leur Commandant le Comte de Salm, & plusieurs Officiers. Nos Hussars ont eu 8. Hommes tués, & 13. blessés. Cette affaire n'est pas considérable, ni par le nombre des Combattans, ni par celui des tués & des pris; Mais elle l'est beaucoup par l'honneur que les nôtres s'y sont acquis, rélativement à la qualité des Troupes qui ont combattu. Le Détachement François consistoit en 600. Hommes, tous Cuirassiers, gens d'élite, & tirés des Régimens de Cavalerie de l'Armée de Mr. de Broglie. Ils appellent ces gens les Doyens des Escadrons.

Voici la continuation de l'expédition de Mr. de Freitag. Après avoir détruit les Volontaires d'Alsace à Hamel & Bursfeld, il marcha le 8. vers Munden ; mais ayant appris que la Garnison avoit été beaucoup renforforcée, & qu'un Corps campoit devant cette Ville, avec du canon, il dirigea sa marche vers Juhnde & Metzlar. Le Capitaine Campen, en passant à Dransfeld, y enleva un petit Détachement François.

Mr. de Freitag arriva le 8. aux Portes de Witzenhansen, sans que l'Ennemi en eût la moindre Nouvelle. Il fit passer la Rivière de Werra à Mr. le Capitaine de Bennigsen avec sa Compagnie, près de Hedemunde, & Mr. le Capitaine Campen la passa à Bischofsheim, pour serrer les Ennemis de ce côté-là. Les dispositions faites, Mr. le Capitaine de Bulow somma le Commandant ; mais n'ayant reçu aucune réponse, les Portes furent forcées, & la Garnison tuée ou prise. Du nombre de ces derniers se trouvent 1. Capitaine, 2. Lieutenans, 1. Maréchal des Logis, & 82. Hommes, tant du Régiment de Courten, Suisse, que de celui d'Enrichemont, Cavalerie.

Mr. d'Armentières vient d'investir Munster. Ce fut la nuit du 12. au 13. que les Ennemis formèrent cinq attaques pour escalader la Ville, ou, selon eux, pour sonder la profondeur des eaux dans les fossés. Cette curiosité leur a coûté cher ; nous en avons pêché le lendemain au-delà de 300. & notre feu a été si vif, que les attaquans ont été repoussés par tout avec une perte considérable,

…érable , qui, selon leur propre aveu , sur-
…asse les 900.   Ils ont envoyé à Wesel 250.
…Chariots chargés de leurs blessés.   Le Régi-
…nent de Jenner, Suisse, & les autres Régi-
…mens Erangers y ont perdu le plus, de mê-
…ne que les Brigades de Ditfourt & de Vau-
…becourt.   P. S. Nous marcherons demain en
…avant vers Minden, où les Ennemis s'assem-
…blent en force.

LETTRE IV.

De Petershagen, le 19. Juillet.

Je vous ai prévenu, Monsieur, par ma dernière que nous allions marcher vers Minden.
L'intention du Prince Ferdinand étoit d'attaquer l'Armée de Mr. de Contades.   Le moment paroissoit beau pour frapper un coup
d'éclat.   Personne ne doutoit, que les Ennemis n'acceptassent le Combat avec plaisir, du
moins après avoir tant prôné leur supériorité
que nous avouons, & leur ardeur à nous livrer bataille.   Le Prince se mit en marche
la nuit du 15. au 16. de ce mois, & poussa jusqu'à Overstädt.   On fit tant de diligence, que l'on frayoit encore le 16. toutes les
routes pour déboucher le lendemain dans la
Plaine, où se trouvoit la grande Armée Françoise.

çoife. A minuit, Son Alt. Sér. continua fa marche avec tous les Piquets de l'Armée, laquelle fuivit à 4. heures du matin, divifée en plufieurs Colonnes ; mais, à peine le jour parut, que l'on s'apperçut que les Ennemis avoient mis la nuit à profit pour fe retirer & rentrer par le débouché, entre la Ville de Minden & le Marais, dans un emplacement où leur front eft couvert par ce Marais & la Rivière de Barta, leur gauche appuyée vers la Montagne, la droite tirant vers Minden, & le dos contre le Wefer. L'Arrière-Garde défiloit encore fous le canon de cette Place, lorfque nous entrâmes dans la Plaine. Elle précipitoit trop fa retraite pour être entamée ; il fallut fe contenter de l'accompagner à coups de canon.

Un Détachement de 2. à. 3. mille Hommes de leurs Troupes s'eft pofté à Alverdiffen, d'où il s'approche fouvent de Hamelen, & s'en retourne de même. Le 16. le Lieutenant-Colonel de Freytag fondit fur l'Arrière-Garde de ce Détachement au moment qu'il rebrouffoit chemin d'Erzen à fon Pofte. Vingt-quatre Chaffeurs à cheval, fans attendre qu'ils fuffent fecondés par les leurs, fe jettèrent fur l'Infanterie ennemie, en tuèrent plufieurs, & emmenèrent prifonniers un Capitaine, un Lieutenant, & 50. Hommes ou environ, au-lieu que ces braves gens n'en

perdi-

perdirent que quatre, qui furent tués sur la place. Les Ennemis, étourdis d'une action si hardie & si digne d'éloge, se hâtèrent de gagner le Bois pour s'y mettre sous la protection du Détachement qui l'occupoit encore.

Journellement nous leur enlevons du monde; &, si de leur côté, ils nous prennent quelques Soldats, du moins il est certain qu'à cet égard, nous nous ne sommes point en reste avec eux.

Voilà, Monsieur, à quoi se réduisent toutes les manœuvres de la Campagne.

LETTRE V.

De Petershagen, le 22. Juillet.

» Le 19. au soir, nos Hussars chassèrent
» ceux de l'Ennemi du Village de Hil-
» le, & le poussèrent au delà de la Digue
» d'Echorst. Ils furent poussés à leur tour,
» & ce jeu dura assez longtems. La fin
» fut, que l'Ennemi perdit cinquante Che-
» vaux & quarante Hussars, qui furent pris.
» Nous n'avons pas perdu un seul Homme.
» Un Dragon Anglois a été blessé; c'est-
» là toute notre perte.

Hier

„ Hier matin, Mr. Luckner, soutenu
„ par deux Bataillons de Grenadiers, a atta-
„ qué le Village de Lade, de l'autre côté
„ du Weser. Les Ennemis en ont été chas-
„ sés; & ils ont encore perdu à cette oc-
„ casion une cinquantaine d'Hommes. Nous
„ y avons fait trente trois Prisonniers, par-
„ mi lesquels sont quelques Officiers. Notre
„ perte se réduit à trois Hommes de blessés,
„ & un de tué.

„ Ce matin, il y a eu tout d'un coup
„ une allarme à notre Armée. L'Aile gau-
„ che des Ennemis s'avançoit sur nous. Tout
„ a été bien-tôt sur pié; Mais, à midi,
„ tout a été de nouveau tranquile: cepend-
„ dant on est toujours bien sur ses gardes,
„ parce que l'on ignore les vrais desseins de
„ l'Ennemi. S'il ne se replie, on en sera
„ bien-tôt aux mains.

„ Les Croates & Huffars de l'Armée de
„ l'Empire ont fait une invasion dans le Pays
„ de Brunswic; & ils ont commencé leur
„ expédition, par piller Walkenried.

No. XVI.

MEMOIRES
POLITIQUES & MILITAIRES
POUR SERVIR à
L'HISTOIRE
DE NOTRE TEMS.

No. (XVI.)

EXTRAITS DE LETTRES E'CRITES DE L'ARME'E ALLIE'E, TOUCHANT LA BATAILLE DE MINDEN ET SES SUITES.

LETTRE VI.

De Hanovre, le 27. Juillet.

IL a Garnison, qui a été faite prisonière de guerre à Minden, ayant été échangée contre un pareil nombre de François, ceux-ci sont retournés à leurs Régimens, & nos gens sont venus ici pour y être de nouveau pourvus d'Armes à feu & autres: Après quoi ils iront rejoindre leurs Corps. A peine cette échange est faite, qu'il faut procéder à celle de la Garnison de la Citadelle de Munster, qui se rendit avant-hier (*).

Nos

(*) La Capitulation est detaillée cy-devant page 183. & suiv.

(Q)

Nos Chasseurs ayant rencontré le 23. de ce mois 5. à 600. François entre Hamelen & Ertzen, les chargèrent avec tant de bravoure, qu'ils en couchèrent une partie par terre, & firent le reste prisonniers, n'y en ayant eu que très-peu qui se soient échappés. Lorsque ces Prisonniers passèrent à Döhren plusieurs d'entre eux prirent parti dans les Volontaires de Colignon au service du Roi de Prusse.

LETTRE VII.

De l'Armée du Duc de Ferdinand du 29. Juillet.

Un Détachement François avoit entrepris le Siége de Vechte. Cette Forteresse fut dégagée par le Détachement, que Mgr. le Duc Ferdinand y fit marcher.

La plus grande partie des Troupes, qui avoient occupé la Ville de Brème, en est sortie. Pour garantir cette Ville de tout Siége d'un côté, comme de toute nécessité de la défendre de l'autre, on a pris le parti d'en tirer un partie de l'Artillerie, & des Munitions, qu'on a transportées à Stade, d'où on est à portée de les renvoyer d'abord

à Brè-

à Brème, dèsque les circonstances le per-
mettront.

Les François occupent encore leur Camp
derrière les marais de Minden. Mr. le Duc
de Broglie est à Haus-Bergen, de l'autre côté du Weser. Il communique avec la grande Armée par deux Ponts de Bateaux. Mr.
de St. Germain avec 3. ou 400. Hommes
est à Schwubber, vis-à-vis de Hamelen, plûtôt pour couvrir les convois de l'Armée,
que pour investir cette Place. Voilà la position de l'Armée Françoise.

La nôtre fait de certains mouvemens, qui
annoncent des coups décisifs. C'est tout ce
qu'on en peut dire pour le présent. Mgr.
le Prince Héréditaire marcha la nuit du 27.
à Lubbecke, & il y arriva à 8. heures du
matin; mais l'Ennemi ne jugea pas à propos de l'attendre. Nos Chasseurs firent une
vingtaine de Prisonniers.

Mr. le Général Dreves marcha le 27. à
Vorde. De-là il a poussé le 28. à Osnabrug. Il fit d'abord attaquer cette Ville en
deux différents endroits. Les Portes furent
forcées, & la Ville emportée de vive force.
Il ne s'est pas commis le moindre désordre.
La Garnison fit quelque résistance, qui lui
coûta cher. Nous avons pris les deux Canons qu'elle avoit. Mgr. le Duc Ferdinand

en

en a fait préfent aux Chaffeurs Heffois, en récompenfe de leur valeur.

Nous avons fait nombre de Prifonniers, & on en retire encore actuellement des Maifons. Les Volontaires de Clermont faifoient partie de cette Garnifon, qu'on dit forte de mille Hommes. Nous avons 8. Hommes de tués & 19. bleffés. Du nombre des premiers fe trouve Mr. le Lieutenant Colonel de Cram, des Troupes de Brunswic, Officier de mérite & généralement regretté. Mr. de Schlieffen, Aide de Camp de Mgr. le Duc Ferdinand, s'eft beaucoup diftingué.

S'il eft vrai que nous avons laiffé à Osnabrug des Magazins fi prodigieux, comme on l'a débité, nous pouvons dire à l'honneur de nos Ennemis, qu'ils n'en ont pas détourné la moindre chofe. Nous avons retrouvé le tout comme nous l'avions laiffé.

Mgr. le Duc Ferdinand a tranfporté le 29. fon Quartier-Général de Pétershagen à Hille, pour s'approcher de l'Ennemi. La plus grande partie de l'Armée l'a fuivi, l'autre partie eft reftée à Pétershagen, fous les ordres de Mr. le Lieutenant-Général de Wangenheim.

L'Armée Françoife eft en mouvement depuis hier. On rapporta la nuit paffée, qu'un gros Corps marchoit à Rinteln. La pouffière, qu'on vit s'élever, confirma cette Nouvelle. Ce matin, tout a remué dans le grand

grand Camp ennemi : plusieurs Détachemens ont marché vers Hervorden, & ont ensuite rebroussé chemin. Il paroît, que nous en viendrons bien-tôt aux mains. Les Armées se trouvent dans un position, où elles ne peuvent pas rester sans se battre. Mgr. le Prince Héréditaire est marché aujourd'hui à Rinsel, où il sera joint par Mr. le Général Dreves. La petite guerre se continue toûjours à notre avantage. Les Déserteurs viennent en foule. Ils se plaignent tous de la disette, qui doit régner dans leur Camp: ce qui ne s'accorde guères avec le nombre des Magazins, qu'on prétend nous avoir été enlevés.

LETTRE VIII.

De Gohfeld le 5. Août.

Je vous ai preparé par ma dernière du 20. Juillet au glorieux évènement, qui est arrivé le 1. de ce mois. Les occupations continuelles, qui l'ont accompagné, m'ont empêché jusqu'à présent de pouvoir vous en envoyer quelque détail.

Vous vous rappellerez, que le 28. Juillet, Mgr. le Prince Héréditaire se détacha du Camp de Petershagen, avec 6. Bataillons, 8. Escadrons Dragons, 2. Escadrons de Hussars,

Q 3

les

les Volontaires de Pruſſe, & une Brigade de Chaſſeurs Hanovriens; il pouſſa par Lubeke, en chaſſa l'Ennemi; & prit la route par Melle à Rimſel, ſitué ſur le chemin de Bielefeld; il y fut joint le 30. par le Général-Major Dreves, qui avec un Corps de 4. Bataillons, 2. Eſcadrons de Dragons de Breitenbach, 2. Eſcadrons de Huſſars, & les Chaſ-ſeurs Heſſois, avoit nettoyé les environs de Vechte, & repris Osnabrug, comme je vous l'ai déjà mandé.

Ce jour-là le 30. le Prince Héréditaire s'avança vers Hervorden & s'établit le 31. à Kirchlingen, ſur la route des Convois de l'Ennemi, qui venoient de Paderborn.

Le 29. Mgr. le Duc Ferdinand fit marcher l'Armée ſur 3. Colomnes du Camp de Petershagen à celui de Hille, la droite s'appuyant aux Marais de Hille, & la gauche ſur le Village de Friedewalde, les Villages de Northemmern & de Holtzenhauſen ſe trouvèrent devant le front.

Les Piquets de l'Armée furent poſtés à Fortheim, Hille, Sud-Hemmern, & Hattem, n'étant ainſi ſéparé de l'Armée de France, çampée entre Minden & Haddenhauſen, que par le Marais.

Le 31. Lubecke fut occupé par le Lieutenant-Général Gilſe avec 3. Bataillons, 300. Chevaux, & 2. Eſcadrons de Huſſars, pour entre-

entretenir une communication libre avec le Prince Héréditaire, qui s'avançoit vers Hervorden, où étoit la Boulangerie des François.

Un Corps de 15. à 16. Escadrons avec une Brigade de Grosse Artillerie, fut laissé campé sous les ordres du Général Wangenheim, derrière le Village de Dodenhausen, & le Village garni de 2. Bataillons & couvert par de bonnes Redoutes.

Le Colonel Luckner avec les Hussars Hanoyriens, & une Brigade de Chasseurs, & soutenu par 2. Bataillons de Grenadiers, étoit posté entre Buckebourg & le Wezer, pour observer le Corps du Duc de Broglie, campé au-delà de cette Rivière entre Hausbergen & Minden.

Nos dispositions génoient l'Ennemi ; on remarqua bien-tôt, qu'il n'y étoit pas indifférent. Il fit repasser le Wezer à l'Armée de Réserve de Mr. le Duc de Broglie le 31. Juillet : & la nuit au 1. Août, Mr. de Conrades passa avec toute son Armée, sur 8. Colonnes, la Barta, Ruisseau qui coule le long du Marais, & tombe à Minden dans le Wezer.

Le 1. Août Mr. le Maréchal de Contades ayant résolu de nous attaquer, commença dès la pointe du jour à former son Armée, de façon qu'une grande partie faisoit face à Dodenhausen, & contre le Corps du

Q 4 Géné-

Général Wangenheim, pendant que l'autre partie faisoit front sur Hille. Toute la Cavalerie se trouvoit au centre, & son Infanterie sur les deux ailes.

Mgr. le Duc Ferdinand avoit prévu, que la Bataille se devoit donner le 1. ou le 2. d'Août, ou que les Ennemis devoient repasser les Montagnes; ainsi il étoit prêt à les recevoir. A 3. heures du matin, l'Ennemi fit la galanterie à S. A. S. de canonner vivement son Quartier à Hille, par une Batterie de 6. Pièces de Canon, qu'il avoit établie la veille sur la Digue d'Eickhorst, qui mène par le Marais à Hille; mais ils n'ont tué personne. Leur but étoit apparemment d'attirer par-là notre attention de ce côté-là. Mgr. le Duc Ferdinand se contenta d'y faire transporter 2. grosses Pièces de canon, d'ordonner à l'Officier du Piquet posté à Hille, de s'y défendre jusqu'à la dernière extrêmité, & au Général Gilse d'attaquer à l'instant par Lubecke l'Ennemi, posté à Eickhorst, ce qui fut exécuté avec succès.

Mr. le Prince d'Anhalt, Lieutenant-Général du jour, fut chargé en même tems par Son Altesse, d'occuper avec le reste des Piquets de l'Armée le Village de Halen, où Mgr. le Duc Ferdinand avoit dessein d'appuyer sa droite, & où l'Ennemi s'étoit déjà niché, mais d'où il fut bien-tôt chassé.

L'Ar-

L'Armée ayant pris les Armes, s'ébran-
la fur 8. Colonnes, & occupa en diligence
le Terrein entre Halen & Hemmern, pendant que le Corps du Général Wangenheim
occupa le vuide entre Hemmern & Dodenhausen : il fut attaqué avec vivacité, mais
ne fut point du tout ébranlé. Vers les 5.
heures du matin, le Canon joua des 2. côtés avec beaucoup de violence, & en peu
de tems notre Artillerie gagna la supériorité,
& la maintint.

Notre Armée s'avança à grands pas, &
le petit feu commença vers les 6. heures le
long du front; le fort de l'Action se tourna alors vers notre droite. Les 6. Bataillons
d'Infanterie Angloise, qui s'y trouvoient, de
même que les 2. Bataillons de Gardes Hanovriennes, y firent des prodiges de valeur.
L'Ennemi, déconcerté de la vivacité de nos
mouvemens, perdit terrein, & plia avec célérité; les Carabiniers & la Gendarmerie
voulurent fouler aux piés l'Infanterie Angloise & Hanovrienne; mais ces braves Bataillons, les renvoyèrent avec une perte immense, & battirent tout ce qui se présenta à
eux, tant Cavallerie, qu'Infanterie de la gauche & du centre de l'Ennemi. Les Canons
de l'Ennemi, qui tiroient vers notre gauche,
tombèrent entre nos mains. La Cavallerie
Hessoise, le Régiment de Holstein, Dragons

 Prus-

Pruſſiens, Hamerſtein, & les Régiment du Corps de Cavallerie Hanovrienne, ont fait merveille à notre gauche; celui de Holſtein entr'autres a emporté une Batterie de 9. Canons, & pris 3. Drapeaux. En un mot, tous les Régimens, qui ont donné, ſe ſont diſtingués ſingulièrement, & pas un Peloton de toute l'Armée n'a reculé de toute l'Action. La Cavallerie de la droite n'a point agi, étant deſtinée pour ſoutenir l'Infanterie en troiſième Ligne.

L'Infanterie du Corps du Général Wangenheim n'a point donné, étant ſeulement placée pour aſſurer notre flanc gauche, & pour ne pas perdre l'avantage du Poſte de Dodenhauſen: le deſſein des François étoit d'accabler ce Corps par le poids de leur maſſe, & de ſe mettre entre lui & le gros de notre Armée. Mgr. le Duc Ferdinand l'avoit prévu; &, en marchant comme il fit, il prit l'Armée Françoiſe en flanc. Ce fut le Duc de Broglie, qui fit l'attaque ſur le Corps de Wangenheim; mais un feu préparé de 30. Pièces de canon placées avec art, & exécuté avec une vivacité ſans égale, rallentit le ſien. Le Comte de Buckebourg, Grand-Maître de l'Artillerie, qui avoit donné l'idée de cette Batterie, & qui l'a voulu diriger lui-même, s'eſt acquis une gloire immortelle par les belles diſpoſitions qu'il a faites, pour

tirer

tirer profit de notre Artillerie qui eſt fort nombreuſe. Elle a fait en général très-bien, celle des Anglois en particulier a fait merveille.

A midi la Bataille finit, l'Ennemi qui avoit toujours cédé, quita tout-à-fait la partie: il parut d'abord vouloir diriger ſa retraite par les défilés de Wittekindſtein (*); mais le Prince Héréditaire ayant battu le même jour le Duc de Briſſac près de Gohfeld, & cette affaire leur ayant fait comprendre, qu'il ſeroit trop difficile de repaſſer les Montagnes, & de gagner Paderborn, ils prirent le parti de paſſer le Wezer la nuit du 1. au 2. & de brûler les Ponts. Ils vouloient, à ce qu'ils ont toûjours dit, nous chaſſer au delà du Wezer, & nous leur avons fait ce qu'ils n'ont pû nous faire.

Les Ennemis conviennent avoir été battus tout de bon, & que leur perte eſt très-conſidérable. Nous leur avons pris beaucoup de Canons, parmi leſquels ſe trouvent 43. Pièces de gros calibre, avec beaucoup de Drapeaux & d'Etendarts.

Le Butin, que nos Troupes ont gagné eſt très conſidérable: les Gardes à pié Hanovriennes ont eu les dépouilles & les Montres d'or de la Gendarmerie. Ce Corps a

pro-

(*) C'eſt ici, où Charles-Magne battit le grand Wittekind.

prodigieusement souffert, aussi-bien que les Carabiniers, la Colonelle-Générale, & le Régiment du Commissaire-Général, & dans l'Infanterie les Grenadiers de France, & Royaux, & les Régimens Saxons ont le plus perdu, & ont perdu beaucoup.

Minden s'est rendu le 2. au matin à discrétion. Les Prisonniers, qu'on y a fait, sont en fort grand nombre, sur-tout en Officiers blessés. Le Duc y a fait ses dispositions pour la suite de ses Opérations, qui n'ont point discontinué.

Le Colonel Freitag a pris plusieurs Trophées aux environs de Detmold, avec les Equipages du Maréchal de Contades, du Prince de Condé, & du Duc de Brissac. Une partie de la Caisse Militaire & de la Chancèlerie, avec des Papiers de la dernière importance, sont également tombés entre ses mains; & il est probable, qu'ils en laissèront encore beaucoup en arrière. Mr. le Prince Héréditaire passe aujourd'hui le Wezer à Hamelen, pour continuer la poursuite des Ennemis, qui étoient arrivés hier à la hauteur de cette Ville.

Mgr. le Duc Ferdinand assit le 4. son Camp à Gohfeld, & aujourdhui 5. nous marcherons à Hervoorden. Les Ennemis souffrent beaucoup par le manque de Vivres; Ils n'ont d'autres ressources que celles qu'ils

savent

favent s'ouvrir dans le Pays même. Ils commandent de tous côtés de fortes cuiffons de pain, & paroiffent vouloir venger leur défaite fur les Payfans, qui n'en peuvent; mais c'eft une foible reffource dans les Forêts & Montagnes, où leur Armée fe trouve difperfée.

Pendant qu'on fe battoit dans la Plaine de Minden, le Prince Héréditaire marcha fur Gohfeldt dans les Montagnes, & en vint aux mains avec le Duc de Briffac, près du Pont de Gohfeldt. Mr. le Duc de Briffac eut le même fort que le Maréchal de Contades. Cette défaite a problablement forcé Mr. le Maréchal de Contades à repaffer le Wezer, ne fe voïant d'autre reffource dans fon malheur.

Le Corps de Mr. le Duc de Briffac campa le 31. au foir, la gauche au Village de Gohfeldt, aïant la Werra devant le front, & la droite vers les Salines. On comptoit ce Corps à peu près à 7. ou 8000. Hommes. Leur pofition étoit inabordable par le front; & il ne reftoit de moïen pour les attaquer, que d'envelopper leur gauche. Pour cet effet, Mgr. le Prince Héréditaire fit les Difpofitions fuivantes.

Son Alteffe Séréniffime forma trois attaques, qui toutes devoient fe régler fur la réüffite de celle de fa droite. Les Troupes,

pour

pour l'attaque de la droite, étoient 1. Bataillon de Diebenproeck, 2. du Régiment du Corps de Brunſwic, 200. Volontaires, 4. Eſcadrons de Dragons de Bock. Les Troupes du Centre furent 1. Bataillon de Vieux Zaſtrow, 1. de Behr, 1. de Bock, 1. de Canitz, 1. Eſcadron de Charles Breitenbach, avec toutes les Piéces du Parc. La gauche étoit compoſée d'un Bataillon de Block, 1. de Dreves, 1. de Zaſtrow, & 4. Eſcadrons de Buſch. Les Troupes du Centre étoient deſtinées à tenir l'Ennemi en échec, pendant que celles de la droite envelopperoient ſa gauche; celles de notre gauche devoient ſe porter au Pont de Salines, pour couper toute Retraite à l'Ennemi ſur Minden.

Son Alteſſe Séréniſſime étoit en perſonne à la Droite, Mr. de Kilmanſegg au Centre avec Mr. de Dreves, & Mr. de Bock avoit la conduite de la Gauche.

L'on partit à 3. heures du matin du Camp de Quemheim; l'Ennemi avoit les mêmes intentions que nous, ſavoir de nous attaquer. Dès-que Mr. de Kilmanſegg eut débouché par le Défilé de Bock, l'Ennemi ſe préſenta devant lui, & le feu du Canon commença de part & d'autre: La droite devoit paſſer la Werra, ſur un Pont très-étroit au Village de Kirchlinger, afin de tourner la gauche de l'Ennemi. La bonne volonté des

Trou-

Troupes surmonta cette difficulté. L'Infanterie passa la Rivière en partie à gué, moitié
en croupe, & moitié sur des Chariots de
Paysan.

Par le passage de la Werra, la position
de l'Ennemi étoit totalement changée. Le
feu du canon étoit vif: Il dura près de deux
heures, quoique le nôtre ait été toujours supérieur. Enfin, le Prince se présentant sur
les derrières de l'Ennemi, celui-ci plia tout
de suite. En défilant, il frisoit Mr. de Bock,
qui le reçut avec un feu de canon bien nourri,
jusqu'à ce que, se voïant enfin absolument
entourés, il ne resta aux François d'autre parti
à prendre que celui de la fuite. Ils ont laissé
six de leurs Canons entre nos mains: on
ne sait pas encore au juste le nombre des
Prisonniers. Il y a, dit-on, 5. Officiers
de rang.

Toute louange est due à Mr. le Lieutenant-Général de Kilmansegg. Mr. Otto, Colonel du Vieux-Zastrow, a fait parfaitement
à la tête de son Regiment. La Cavallerie
Ennemie ayant donné dessus; il l'a rejettée
avec une perte considérable. La notre est
très-modique. Le Capitaine Wagner, du
Corps d'Artillerie, est blessé à la jambe.
Le bon effet de notre canon est dû au Major Storch.

C'est

C'eſt ainſi que s'eſt paſſée cette grande Journée, mémorable par tant d'endroits. Elle a couronné les vertus de notre Illuſtre Chef, & juſtifié la confiance que ſon Armée n'a pas ceſſé d'avoir en lui, & qui eſt la ſource des Exploits, par où les Officiers & les Soldats ont unanimement, tâché de répondre à tout ce qu'il pouvoit attendre d'eux.

La Liſte des Priſonniers étant imparfaite, & leur nombre augmentant à tout moment, auſſi bien que celui des Trophées, qui prouvent notre Victoire, je ſuis obligé de remettre à une autre occaſion de vous en envoyer le Détail.

No. XVII.

MEMOIRES
POLITIQUES & MILITAIRES
POUR SERVIR à
L'HISTOIRE
DE NOTRE TEMS.

No. (XVII.)

EXTRAITS DE LETTRES E'CRITES DE L'ARME'E ALLIE'E, TOUCHANT LA BATTAILLE DE MINDEN ET SES SUITES.

LETTRE IX.

De l'Armée Aliée, le 8. Août 1759.

La poutſuite de l'Ennemi, la vivacité des opérations de notre Armée, ne me laiſſent pas le loiſir de vous envoyer à la fois tous les détails de la Journée du premier Août. En attendant, ſoyez ſûr, que notre Victoire, & la défaite des Ennemis, ſont des plus complettes.

Vous le verrez, par les Liſtes que je vous enverrai au premier jour de nos Trophées. Elles ſont d'une étendue ſi conſidérable, qu'il faut du tems pour les dreſſer

 exacte-

exactement. Notre perte est très-médiocre ; elle ne passera pas deux mille Hommes, y compris les morts & blessés. Nous n'avons perdu aucun Officier de marque ; la perte des Anglois surpasse de la moitié celle de toute l'Armée ; elle pourroit monter à douze cens Hommes.

Mgr. le Prince Héréditaire, dans son affaire avec Mr. le Duc de Brissac, n'en a perdu qu'une trentaine ; le champ de Bataille a été couvert de morts & de blessés, & d'une prodigieuse quantité de bottes, d'armes, &c. Deux mille Paysans sont occupés sans relâche à enterrer les morts.

Nous savons par des Lettres interceptées, que les François évaluent eux-mêmes leur perte ce seul jour-là à plus de 10000. Hommes.

Notre premier soin, après cette Victoire, a été dès le lendemain de faire chanter le Te-Deum, sur le champ de Bataille : toute l'Armée y rendit solemnellement graces à Dieu de ce glorieux évènement, & le célébra par un feu de joie général.

Les premiers effets, que nous en avons recueilli, ont été la levée du Siége de Lipstadt : ce fut le 4. Août que la garnison fit une sortie, dont elle ramena une cinquantaine de Prisonniers. Mr. d'Armentières est marché à Warbourg, après avoir détaché la
moitié

moitié de son Infanterie, pour renforcer les garnisons de Wezel & de Dusseldorp.

Ce même jour, 4. Août, les François évacuèrent Munster. Ils y sont revenus depuis, & presque au moment qu'un Détachement de nos Chasseurs s'est présené devant la Ville. Mr. le Colonel Boyd est en marche pour les en déloger; il y mène un bon train de grosse Artillerie & de Mortiers, & & y arrivera le 10. de ce mois.

Les dispositions, que les Ennemis font sur le Rhin, & les précautions qu'ils y prennent, nous sont connues, & marquent leur appréhension. Mgr. le Prince Héréditaire de Brunswic a passé le 4. & le 5. le Wezer à Hameln; il est à la poursuite de l'Ennemi avec un Corps de 15000. Hommes & toutes nos Troupes légères; nous savons qu'il est aux mains avec les François depuis le matin jusqu'au soir. Vous aurez bien tôt le détail de ses exploits.

Quant à nous, Mgr. le Prince Ferdinand s'est mis en marche le 4. allant de Minden à Gohfeld, le 5. à Hervorden, le 6. à Bielefeld, aujourd'hui à Stuckenbroeck, & nous marcherons demain 9. à Paderborn, où notre Avant-Garde est déjà arrivée ce matin.

Mr. le Général d'Urff est marché avec 20. Escadrons & 5. Bataillons de Grenadiers par Lemgo & Detmold à Lipsprink; & il

nous

nous joint demain à Paderborn. Il a pris le 5. à Detmold tout le gros Bagage de l'Ennemi, avec l'escorte de 800. Hommes, tant Cavaliers que Fantassins. C'est un butin immense. La Caisse Militaire des Saxons en fait partie; il s'y est trouvé 40000. Florins d'Allemagne.

Nous avons pris aussi les Bagages de Mr. le Maréchal de Contades, de Mr. le Prince de Condé, de Mr. le Comte de St. Germain, & de Mr. le Duc de Brissac, avec les Archives & des Papiers de la dernière importance, qui doivent causer des inquiétudes bien vives & bien fondées à plusieurs de nos faux Amis dans plus d'un endroit.

Je dois ajouter un mot au sujet des Magazins. Nous avons repris celui d'Osnabrug, auquel les François n'avoient pas touché. Nous en avons pris à l'Ennemi à Minden, à Bielefeld, & à Paderborn. Les François ont détruit ceux qu'ils avoient à Dulmen & à Warendorp.

Il est difficile de dire où l'Armée dispersée de Mr. de Contades se trouve; elle est talonnée & harcelée continuellement. Les Défilés & Forêts, qu'elle doit passer dans cette partie montagneuse, donnent beau champ à nos Chasseurs. Je vous assure, qu'ils nous en rendent bon compte; & les Prisonniers, qu'ils nous envoyent à tout moment

ment par centaines, se croyent heureux de trouver chez nous une suspension de leur misère. Les Déserteurs viennent par Colonnes. Mr. de Contades n'aura plus de debouché que par Eimbeck ; on fait tout ce qui est possible pour lui barrer le chemin. Dans peu vous en saurez davantage.

LETTRE X.
De Stadberg, le 13. Août.

L'Armée sous les ordres de Mgr. le Duc Ferdinand marcha le 8. Août de Bielefeld à Stuckenbroek, le 9. à Paderborn, où nous fimes 400. Prisonniers. Nous y avons fait séjour le 10.

Mgr. le Duc Ferdinand poussa ce jour-là différents Corps en avant, pour occuper les Défilés, qui conduisent dans le Pays de Waldeck. Mr. d'Armentières occupoit encore celui de Warbourg.

On est occupé à présent à vendre le butin considérable, que nos Grenadiers, conduits par Mr. de Schlieffen, ont fait à Detmold.

Le 11. l'Armée marcha à Dalem, & le 12. à Stadberg. Mr. le Maréchal de Contades atteignit ce même jour Cassel. Mun-

R 3

den

den & Witzenhausen sont occupés par nos Troupes.

Mgr. le Prince Héréditaire repassera aujourd'hui le Wezer à Heristal Il a fait dans 7. jours une course de plus de 36. lieues, en harcelant continuellement les Ennemis dans leur retraite. Son Altesse Sérénissime les avoit rejoint le 8. près d'Eimbeck, que l'Armée Françoise avoit destiné pour son rendez-vous. Ils avoient négligé de s'emparer d'une Hauteur nommée la Huve, qui se trouva sur leur flanc. Mgr. le Prince Héréditaire s'y établit, & canonna avec succès l'Armée Françoise depuis 7. heures jusqu'à 10. heures du soir. Celle-ci mit la nuit à profit, & se retira sur Möhringen, après avoir mis le feu aux Maisons voisines des Portes de la Ville d'Eimbeck. Nos Troupes légères se mirent d'abord à leurs trousses. Les Grenadiers Royaux perdirent beaucoup de monde, & on leur fit au-delà de 200. Prisonniers, parmi lesquels se trouve Mr. de Beaupreau, Maréchal de Camp, & quelques Officiers. Nos Troupes légères ont pris en chemin depuis Halle à Eimbeck au-delà de cent Voitures & Charettes, & fait au-delà de 1200. Prisonniers. La situation du terrein, & les Défilés affreux, qu'il a fallu passer, ont donné beau champ à nos

Chas.

Chasseurs de canarder.   Les Déserteurs sont venus en foule.

Le 10. Mgr. le Prince Héréditaire attaqua pour la sixième fois l'Arrière-Garde ennemie, après une marche forcée de 14. heures.   Elle étoit engagée à moitié dans les Défilés de Munden.   Mr. de Freitag s'étoit glissé sur le flanc droit ;   Mr. Trimback, soutenu du Bataillon de Marschal, faisoit la besoigne sur le flanc gauche, tandis que le Prince Héréditaire les talonnoit de près, & les poursuivoit à coups de canon.   La tiraillerie dura jusqu'à 11. heures de nuit.   L'Ennemi abandonna une cinquantaine de Chariots de Munitions.

Mr. de Waldhausen & le Major Friederich s'étoient attachés à la Colonne, qui prenoit la retraite par Witzenhausen ;   ils ont fait beaucoup de butin, & nombre de Prisonniers.

Toute cette course, qui certainement a été poussée avec toute la célérité possible, nous a coûté en tout 32. Hommes, entre tués & blessés ;   du nombre des derniers se trouvent Mr. le Capitaine Roth & le Lieutenant Crull.

C'est ainsi que nous avons à-présent nettoyé la Westphalie, l'Electorat de Hanover, & toute la Basse Saxe.   Nos Troupes sont extrêmement fatiguées, par les fortes marches, qu'elles ont fait journellement, en talonnant les Ennemis à toute outrance. Le Pays, par où les François ont passé, est pillé & totalement ruiné ; il ont mis le feu aux Villages de Bisperode & de Latferde.

Ils comptent présentement respirer à Cassel. Dans peu de jours il sera décidé, s'ils pourront s'y soûtenir, où s'ils seront obligés de se raprocher encore davantage de leurs Magazins.

LETTRE XI.

De Corbach, le 20. Août.

Les François ayant passé la Werre le 11. de ce mois, nos Troupes légères s'emparèrent de Munden & de Witzenhausen. Mgr. le Prince Héréditaire passa le 14. le Weser à Heristal, pour se porter sur le flanc de l'Ennemi du côté de Volckemissen. Son Altesse Sérénissime marcha le même jour à Warbourg, & le 16. à Volckemissen, d'où il poussa une tête jusqu'à Wolfshagen, en chassant tous les Postes avancés de l'Ennemi. Le 13. le Major Friederichs prit le Château de Frendelbourg, & la Garnison fut faite prisonnière de guerre. Le Major Luckner

rem-

remporta le 15. un avantage confidérable fur les Ennemis près de Volckemiſſen.

L'Armée déboucha le 13. dans le Pays de Waldeck, par les Défilés de Stadbergen; elle changea de Camp les jours ſuivans, de façon qu'elle fut le 16. aux environs de Kohlgrand, & le 17. entre Arolſen & Mengeringhauſen.

Mgr. le Duc de Holſtein, renforcé par les Grenadiers, & par une partie de la Cavalerie Heſſoiſe, ſous le brave Général Urff, pouſſa dès le 14. vers Corbach; & le 16. il y aſſit ſon Camp. Un Détachement des Volontaires d'Alſace fut enlevé le 15. à Franckenberg; & l'allarme fut répandue juſques dans Marbourg.

Le 17. étoit deſtiné pour attaquer à la fois le Camp de Mr. d'Armentières à Wolfshagen, & chaſſer les Détachemens ennemis de Saxenhauſen, Freyenhagen, & Naumbourg. C'eſt pourquoi Mgr. le Prince Héréditaire ſe porta le 17. de Volckemiſſen ſur Wolfshagen, pour prendre l'Ennemi en flanc. Mr. le Général Wangenheim marcha pour l'attaquer en front, en ſe portant de ſon Camp d'Arolſen par Landau ſur Wolfshagen; mais l'Ennemi ne tint pas bon; & il ſe replia, dès qu'il s'apperçut qu'on en vouloit bonnement à lui.

R 5   L'atta-

L'attaque de Saxenhausen & de Naumbourg réussit mieux, puisque l'Ennemi ne s'y attendoit pas. Mgr. le Duc de Holstein, qui faisoit mine de marcher à Marbourg, prit tout d'un coup à gauche. Les Ennemis, furent chassés de Horinghausen, de Saxenhausen, & des environs jusqu'à Naumbourg. Le Bataillon de Narbonne, appartenant aux Grenadiers Royaux, s'y trouvoit en Garnison; & un Camp ennemi étoit à peu de distance de la Ville sur les hauteurs. Mr. le Général Urff, à la tête de notre brave Cavallerie Hessoise, précédée de Hussars noirs & jaunes, renversa d'abord tous les Piquets & petits Détachemens des Ennemis, & en tua 110. Hommes sur la Place. La Ville de Naumbourg fut emportée le Sabre à la main; & le reste du Bataillon de Narbonne, consistant encore en 342. Hommes, furent faits Prisonniers de guerre, à la barbe du Camp ennemi, qui plia bagage immédiatement après. Nous avons pris deux Drapeaux à cette occasion.

Mgr. le Duc Ferdinand marcha le 17. avec l'Armée au Camp, tracé entre Arolsen & Mengeringhausen. Hier 19. l'Armée marcha à Corbach; Mgr. le Prince Héréditaire poussa de Wolfshagen à Naumbourg, & Mgr. le Duc de Holstein de Naumbourg à Zurchen.

La

La grande Armée ennemie a quitté le 18. les environs de Cassel.   Hier elle a campé dans la Plaine de Wavern, ayant mis la Rivière d'Eder devant elle.

Le Maréchal de Contades, après bien des obstacles; avoit rassemblé ses Troupes dans le voisinage de Cassel; mais, ne voyant pas les moyens de s'y maintenir, il fit venir le Brigadier de Villeterque, & lui dit, qu'il alloit le laisser dans cette Ville avec 16. autres Officiers & 400. Soldats, recommandant à leurs soins les Officiers & Soldats malades ou blessés, qui y resteroient, au nombre de quinze cens, dans les Hôpitaux.   Après quoi l'Armée Françoise se mit en marche sur Fritzlar le 18. à 5. heures du matin.   Le 19. le Major Friederichs s'approcha, avec ses Chasseurs, de la Ville de Cassel; & l'ayant tout de suite sommée, Mr. de Villeterque la rendit aux termes de la Capitulation suivante.

ARTICLE PREMIER.

La Garnison sortira avec tous les honneurs de la guerre, & pourra, immédiatement après la reddition de la Ville, aller joindre l'Armée par le plus court chemin.

La Garnison marchera avec tous les honneurs militaires jusqu'à l'Esplanade, & là elle mettra bas les armes & sera Prisonnière de

de guerre. Les Officiers & Soldats con-
ferveront leurs Equipages.

ART. II. Son Alteffe Séréniffime le Duc
Ferdinand donnera les plus fortes affurances,
que la dite Garnifon ne fera point inquietée
en route. A cet effet on lui accordera des
Efcortes fuffifantes.

Accordé, quand on la renverra à l'Armée
Françoife, ou en France.

ART. III. On fournira le nombre de
Voitures néceffaires pour le tranfport de tous
les Bagages & Equipages de la Garnifon, des
Officiers, de l'Etat-Major de la Place, des
Commis, & autres Perfonnes employées au
fervice de S. M. Très-Chrétienne, & ces Voitures feront payées à raifon de 4. Livres par
jour chacune.

Accordé, comme deffus.

ART. IV. Le Pain, la Viande, & les autres chofes néceffaires à la fubfiftance de la
Garnifon, lui feront fournis fur la route, au
prix du pays; & l'on payera promtement toutes les livraifons.

On lui procurera la fubfiftance, que l'on a
coutume de donner aux Prifonniers de
guerre.

ART. V. Tous les Malades & Bleffés,
tant Officiers que Soldats, qui fe trouvent
dans

dans les Hôpitaux du Roi, ou dans les Maisons particulières, le jour de la conclusion de cette Capitulation, seront sous la sauvegarde & protection de S. A. S. le Duc Ferdinand, & non considérés comme Prisonniers de guerre. C'est pourquoi immediatement après l'entrée des Troupes Alliées, on mettra des Gardes devant les dits Hôpitaux, afin de les garantir de toute insulte.

Tous les malades sont Prisonniers de guerre; & l'on fournira aux Commissaires de guerre, chargés de leur entretien, tout ce qu'il faudra pour leur subsistance.

ART. VI. Tous les Employés au service des dits blessés ou malades n'auront à craindre aucun mauvais traitement, ni pillage; & la même protection sera accordée aux autres Commis attachés au service du Roi, de telle Nation qu'ils puissent être. *Accordé.*

ART. VII. Les dits malades seront laissés dans les Emplacemens qu'ils occupent, jusqu'à leur entier rétablissement : Ils auront alors la liberté de rejoindre l'Armée du Roi, sur les Passepors de S. A. S. Mgr. le Duc Ferdinand, ou de tel autre Général de ses Armées à qui il jugera à-propos d'en donner le pouvoir; Et, s'ils avoient besoin de Voitures, il en sera accordé sur la demande des Commissaires de Guerre restés dans la

Place,

Place, & en payant au même prix que les autres.

Ils resteront dans leurs Emplacemens, jusqu'à ce qu'il plaise à S. A. S. Mgr. le Duc Ferdinand de les faire resserrer, & l'Hôpital de l'Arsenal leur sera conservé jusqu'à l'entière évacuation.

ART. VIII. Toutes les denrées, destinées pour le service des Hôpitaux, ne seront point censées abandonnées ; mais seront laissées pour continuer à être employées au même service ; Et, au cas qu'il ne s'en trouve point une quantité suffisante jusqu'à l'entière évacuation des dits malades, il sera permis d'en acheter dans la Ville, & aux environs, en les payant comptant à un prix convenable. *Accordé.*

ART. IX. Il sera donné toute protection, sureté, & assistance aux Commissaires de Guerre de S. M. Très-Chrétienne, qui resteront dans la Place après sa reddition, pour les différentes parties du service, dont ils sont chargés : On aura les mêmes égards pour le Trésorier, chargé de pourvoir au payement des subsistances.

Accordé ; mais les Magazins seront livrés par les Commissaires de S. M. Très-Chrétienne fidelement aux Commissaires de l'Armée Alliée.

Fait à Hesse-Cassel, le 19. Août 1759.

ART.

ARTICLE *ajouté*.

La Garnison restera dans la Ville de Cassel, ou autre Place de la Hesse, jusqu'à ce que Mgr. le Duc Ferdinand ait jugé à propos de lui faire joindre l'Armée Françoise, ou jusqu'à son échange, sans pouvoir être transférée dans aucun autre Pays. Il en sera usé de même pour les Officiers & Soldats, qui se trouvent dans les Hôpitaux. *Accordé.*

Fait à Cassel, le 19. Août 1759.

(Etoit signé)   C. FRIEDERICHS,
                              Major.

VILLETERQUE,
Commandant de la Place, Brigadier.

Le 20. le Lieutenant Colonel de Stockhausen entra dans la Ville de Cassel avec son Bataillon & une Compagnie de Hessois; mais ces Troupes en remirent la garde à la Milice du Pays que l'on y avoit fait venir, & marchèrent le 21. sur Melsungen. Jusqu'ici l'on n'a point publié l'état des Magazins, que l'on y a trouvés: Cependant on fait monter à un prix très-considérable les Provisions & les Munitions qu'ils renferment.

LET-

LETTRE XII.
De Munchaufen, le 24. Août.

La Baffe-Heffe eft à nous. Le Lieutenant-Colonel de Freitag ayant attaqué hier la Forterefse de Ziegenhayn, l'Officier, qui y commande, a capitulé, après s'être défendu une heure de tems. La Garnifon, qui étoit de 3. à 400. Hommes, a été faite prifonniére de guerre.

L'Armée ennemie s'eft repliée fur Marbourg. La grande a pris la route de Hombourg fur l'Ohm. La petite, qui a paffé la Lahn, campe vis-à-vis de Wetter fur les Hauteurs de Werda.

Le Duc Ferdinand eft arrivé aujourd'hui avec l'Armée aux environs de Munchaufen. Le Prince Héréditaire & le Duc de Holftein fe font portés à Wohra; & demain, ils marcheront fur Schönftädt. Ce mouvement déterminera les Ennemis à prendre un parti; & celui qu'ils prendront déterminera le nôtre pour après-demain.

No. XVIII.

MEMOIRES
POLITIQUES & MILITAIRES
POUR SERVIR à
L'HISTOIRE
DE NOTRE TEMS.

No. (XVIII.)

EXTRAITS DE LETTRES E'CRITES DE L'ARME'E ALLIE'E, TOUCHANT LA BATTAILLE DE MINDEN ET SES SUITES.

LETTRE XIII.

De Wetter, le 2. Septembre 1759.

Les François occupoient le 27. Août un Camp derrière la Rivière d'Ohm. C'étoit ce qu'on appelle la grande Armée, la petite campant derrière la Lahne du côté de Sarenau & de Gosfeld. Le Corps de Fischer, soûtenu par des Piquets d'Infanterie & par les Dragons de Schomberg, étoit en deçà de la Lahne sur les Hauteurs de Wetter.

Mgr. le Duc Ferdinand ayant formé le Projet de déposter la petite Armée Françoise, Mgr. le Prince Héréditaire de Brunswic fut

(S)

chargé

chargé de cette befogne. Les premiers coups portèrent fur les Fifchers, qui furent fort maltraités. Plus de deux cens reftèrent fur la place, trois cens furent faits Prifonniers, & le refte a été difperfé. Après ce prélude, la fus-dite petite Armée ne jugea pas à-propos de garder fa pofition : Elle plia d'abord bagage, abandonna les Hauteurs de Sarenau & de Gosfeld, paffa la Lahne, & fe joignit à la grande Armée, qui depuis fe retranche derrière l'Ohm, & fait des préparatifs pour y paffer, ce femble, l'Hiver même. C'eft une chofe, qui s'éclaircira dans peu de jours; car Mgr. le Duc Ferdinand nous fait faire des mouvemens, qui pourroient devenir très-importans.

Mgr. le Prince Héréditaire a paffé ce matin la Lahne avec 7. à 8000. Hommes. Il campe aujourd'hui à Elnhaufen, ayant pouffé jufqu'à Nieder-Weimar, il a renverfé tout ce qui s'y trouvoit de Troupes ennemies. C'eft un des coups des plus jolis. Nous n'en avons pas encore un détail exact; tout ce que nous en favons, c'eft que nous n'avons perdu perfonne, que nous avons pris deux Pièces de canon, tué beaucoup de monde aux Ennemis, & fait un nombre confidérable de Prifonniers.

LET-

LETTRE XIV.
De Wetter, le 5. Septembre.

Mgr. le Prince Héréditaire de Brunſwic ayant été chargé de déloger la petite Armée Françoiſe, en deçà de la Rivière de Lahne, S. A. S. détacha Mr. le Colonel Luckner avec 500. Huſſars & une Brigade de Chaſſeurs, ſoûtenus par 400. Grenadiers & 6. Piquets, pour commencer l'attaque par Ober- & Nieder-Weimar, afin de gagner les derrières de la poſition Ennemie, en tirant ſur la route de Wetzlar.

Les Détachemens de l'Ennemi dans ce Village pouvoient monter à 1500. Hommes. Ils avoient pris très-bien leurs précautions ſur la grande route, qui va de Wetter à Weimar; mais ils en avoient pris moins ſur le chemin, qui tourne les montagnes, & revient par un petit bois près de Nieder-Weimar. C'eſt par-là que nos Troupes parvinrent juſqu'au Village, ſans être découvertes.

L'Avant-garde des Huſſars fondit tout de ſuite ſur le Village, tandis que les Chaſſeurs occupoient la crête des chemins creux, & que Mr. le Major Jeanneret tourna le Village pour recevoir les fuyards. La beſogne fut faite en moins d'un quart d'heure de tems. Plus de

200. restèrent sur le carreau: Trois cens avec une Piéce de canon furent pris, & le reste dispersé.

Après ce coup, la petite Armée Françoise ne jugea pas à-propos de nous attendre; elle quitta sa position avantageuse sur les Hauteurs de Sarenau & Gosfeld, passa la Lahne, & se joignit à la grande Armée.

Mr. de Wangenheim occupa le lendemain le Camp d'Ober-Weimar, & les Troupes légères se portèrent sur Lohn; celles de l'Ennemi, qui occupoient ces environs, se replièrent sur Wetzlar, sans qu'on ait pu les atteindre.

Mgr. le Duc Ferdinand fit avancer le 3. Septembre le Corps du Duc de Holstein de Langendorff à Schwartzenborn. Le Prince de Bevern marcha en même tems avec quelques Bataillons, pour s'approcher de Marbourg, tandis que le Prince Héréditaire avança sur la route de Wetzlar, jusqu'à Alna, poussant ses Troupes légères jusqu'à Hohen-Solms.

La grande Armée Françoise n'a pas trouvé sa sûreté avec ces mouvemens-là. Elle a pris le parti de décamper de son Camp de Gros-Selheim, en enfilant la route de Giessen; Elle a fait tant de diligence, qu'elle étoit déjà arrivée à Lollar à 2. heures de l'après-midi.

Je vous ai déjà dit dans ma précédente, que les Ennemis faisoient des préparatifs dans leur Camp de Gros-Selheim, comme s'ils y vouloient passer tout l'Hiver ; & effectivement, on ne sauroit voir qu'avec étonnement les fortifications & retranchemens immenses, que l'Armée Françoise a fait dans son Camp de Gros-Selheim pour s'y mettre à l'abri d'une attaque.

Nous avons occupé la Ville de Marbourg. Mr. du Plessis s'est enfermé avec 600. Hommes dans le Château. Il veut s'y défendre jusqu'à l'extrémité.

Les fortes pluyes, que nous avons eues de ces côtés-là, ont empêché Mr. le Lieutenant-Général d'Imhoff de commencer l'attaque sur Munster, si-tôt qu'il l'avoit espéré : De sorte que nous commençons à douter, s'il pourra achever sa besogne dans le moment présent, d'autant plus que nous venons d'apprendre, que Mr. le Lieutenant-Général d'Armentières ayant assemblé toutes les Garnisons Françoises le long du Rhin & de la Meuse, s'étoit mis en marche, pour secourir Munster; & il est à présumer, que Mr. d'Imhoff jugera à-propos de suspendre le Siége, pour veiller premièrement aux manœuvres du Corps François.

LETTRE XV.

De Nieder-Weimar, le 11. Septembre.

Nos Batteries ont commencé à battre le Château de Marbourg. Le Commandant, Mr. Duplessis, ne voulant pas se rendre autrement, nous a obligé d'en venir aux formalités de la tranchée. Elle fut ouverte le 9. Septembre. Mr. le Prince Charles de Bevern & le Comte de Buckebourg commandoient le Siége. Mr. Duplessis voulut se rendre hier, à condition de ne point servir durant un an : Mr. le Prince de Bevern exigea 2. ans, à quoi Mr. Duplessis ne voulut point acquiescer. On recommença à tirer de part & d'autre. Mr. le Commandant n'y trouvant pas son compte, voulût passer par les conditions de deux ans : Mais le Prince n'y voulut plus entendre, & Mr. Duplessis a été obligé de se rendre ce matin Prisonnier de guerre. Nous y avons pris 818. Soldats & Bas-Officiers, avec 39. Officiers. Nous n'avons eu, ni tué, ni blessé à ce Siége. Cela est fort extraordinaire dans un Siége, où l'on a procédé selon toutes les formes, mais la chose n'en est pas moins exactement vraye.

Capitulation du Château de Marbourg.

ARTICLE PREMIER.

Toutes les Troupes seront prisonières de guerre, & défileront par la Porte du Secours,

en

en mettant les armes bas; à l'exception de Mrs.
les Officiers, qui conserveront leurs armes de
toutes espèces. *Accordé.*

ART. II. Tous les Effets, Munitions de guerre & de bouche de toute espéce appartenant à
Sa Maj. Très-Chrétienne, aussi-bien que ce que
la Garnison a trouvé au Château en Artillerie &
Munitions de guerre, seront fidelement livrés à
un Commissaire nommé à cet effet. *Bon.*

ART. III. Tous les Officiers & Soldats seront
renvoyés sous parole d'honneur à leurs Régimens par le chemin le plus court, pour y
attendre leur échange. Les logemens leur
seront fournis sur la route.
Accordé, & S. A. le Prince Charles de Bruns-
wic-Bevern, ainsi que son Excellence Mgr. le
Comte Régnant de Schaumbourg-Lippe-Buk-
kebourg, s'employeront de leur mieux auprès
de S. A. S. le Duc Ferdinand, pour presser cet
échange:

ART. IV. Tous les Officiers sans exception,
ainsi que les Soldats, conserveront leurs Equipages, Bagages & Chevaux, sans qu'on en
retienne la moindre chose, ou qu'ils courent
danger d'en perdre. *Accordé.*

ART. V. Les blessés & malades suivront le
sort de la Garnison : On leur fournira tous les
soulagemens possibles; & on leur accordera,
après leur guérison, des Passeports pour rejoindre leurs Régimens par le plus court chemin.
Accordé.   ART. VI.

ART. VI. Les Chirurgiens, Aumôniers, Gardes-Magafins, Valets, Commis, en un mot tout ce qui n'eft pas Militaire, fuivront la Garnifon en toute fûreté, tant pour leur Perfonne, que pour ce qui leur appartient. *Accordé.*

ART. VII. Il fera accordé tous les jours de marche des Chariots & des Chevaux, tant pour monter Mrs. les Officiers, que pour le transport des Equipages. *On fournira quatre Chariots & les Chevaux néceffaires.*

ART. VIII. La Garnifon du Château livrera ce matin, à 8. heures, la Porte du Secours aux Troupes de l'Armée du Roi de la Grande-Bretagne. *Arrêté.*

ART. IX. Toutes les Troupes Françoifes, à l'exception des malades hors d'état d'être transportés, partiront demain 1 2. avant midi. *Arrêté.*

ART. X. Les Equipages appartenant à Mr. de Borger, Major du Château, dépofés chez Madame de Vulté, lui feront rendus. *Arrêté.*

ART. XI. On donnera des Otages de part & d'autre, immédiatement après la fignature. *Arrêté.*

ART. XII. Tous les Officiers de la Garnifon, qui auront des Dettes perfonnelles chez les Habitans, les payeront avant leur départ. *Arrêté.*

Fait à Wershaufen, le 11. Septembre 1759.

DESCRIPTION DE LA BATTAILLE DE BER-
GEN PRES DE FRANCFORT, gagnée par
le DUC DE BROGLIO, Lieutenant-Général de
S. M. T. C. & Commandant L'ARMEE DU MEIN,
sur l'Armée des Alliés aux Ordres de M. LE PRIN-
CE FERDINAND DE BRUNSWIC, le 13.
Avril 1759.
Selon le Plan qui en a été envoyé en Cour,
par M. D. B * * *.

(A) Colonne de la gauche des Ennemis composée des Grenadiers de l'Armée, débouchant par Bischofsheim, & marchant à même hauteur que le centre (B), qui longeoit
les bois de Darfeld.

Ces Colonnes vinrent attaquer tout de suite, en attaquant le
Village de Bergen en (C), tandis que les Colonnes de la
Droite (D), débouchèrent par le Village de gros Grünau,
s'avançant pour soutenir cette Attaque. (E) Position de
l'Armée Françoise, (F), les Saxons, (G) Batteries,
(H) huit Bataillons destinés pour la Deffense du Village
de Bergen. (I) Quatre autres Bataillons en Colonnes pour
les soutenir. (K) Infanterie Ennemie, qui s'étant trop
avancée avec succès près du chemin creux (L), fut repoussée avec beaucoup de Valeur dans trois differentes Attaques, sur tout à la dernière, par les 16. Bataillons en
Colonne derrière le Village, qui se portèrent successivement
à l'attaque, partie passant le Village, & partie par les vergers de la droite. Ces Troupes poursuivirent les Ennemis
jusques en (L), qui furent se rallier en (M).

N. Cavalerie ennemie, s'avançant pour empêcher le progrès
de nos Troupes, qui se rétirerent par ordre de Mr. LE DUC
DE BROGLIE dans les Vergers de Bergen.

Notre Infanterie s'étant retirée, les Ennemis avancerent leur
gauche en O., ce qui faisant présumer que leur objet pouvoit être de tenter un nouvelle Attaque, Mr. LE DUC DE
BROGLIE fit alors avancer par précaution les onze Bat-
taillons en reserve (Y) dans les points (P), ainsi que
10. Escadrons de Cavalerie (Q), qu'il porta en avant du
chemin creux (C).

Les Ennemis, dans leur dernière position (O), firent quelques mouvemens à leur droite, pour soutenir par quelque Infanterie l'Attaque de leurs chasseurs (R), par les
Bois de Vilbel, qui n'eut aucun succès, par le Deffen des
Volontaires (X), soutenus des Saxons (F).

Les Ennemis après avoir tâté la position de Bergen par leur
gauche & leur droite, & trouvant une ferme resistance par
tout, par les bonnes dispositions du General, s'en tinrent à leur
Canonnade (S), qui dura jusqu'à la nuit, à la faveur de laquelle ils se sont retirés par le même chemin qu'ils étoient
venus.

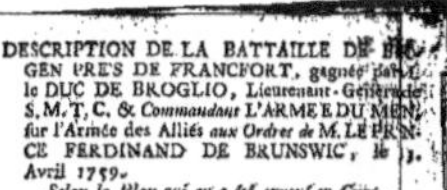

Beschreibung der Schlacht bey Bergen,
ohnweit Frankfurt.
welche der Herr Herzog Broglio Excellenz, General-
Lieutenant seiner Allerchristl. Majestät, Commandant der Armee
am Mayn, über die Alliirte Armee, unter dem Commando des
Herrn Prinzen Ferdinand von Braunschweig Durchlaucht,
den 13. April 1759. erhalten hat
Nach dem Plan den der Herzog von Broglio davon nach
Hof geschicket hat.

(A) Colonne des feindlichen linken Flügels, die über Bischofsheim herkam, und
mit dem Centro (B) gleich hoch marschirete, welches langst dem Walde bey
Darfeld hergezogen kam.

Diese Colonnen kamen zwar anmarschiret, und griffen auch so gleich das Dorf
Bergen (C) an, während daß die Colonnen der Rechten (D) bey dem Dorf
Groß Grünau hervor kamen, und, diesen Angrif zu unterstützen, herzu rückten.
(E) Die Stellung der Französischen Armee. (F) Die Sachsen. (G) Batterien.
(G) Acht Bataillons zur Beschützung des Dorfs Bergen bestimmt. (I) Vier an-
dere Bataillons in Colonnen, jene zu unterstützen. (K) Feindliche Infanterie,
welche mit Vortheil zu weit vorgedrungen war; bey dem Hohlweg (L) wurde
sie mit vieler Tapferkeit wieder zurück getrieben, und zwar in drey unterschiede-
nen Angriffen, sonderlich bey dem letzten. Diese Zurücktreibung geschahe durch
die 16. Bataillons, welche in Colonnen hinter dem Dorfe gestanden, die aber
theils durch das Dorf, theils durch die Obstgärten, zur Rechten von Bergen,
nach und nach zum Angrif herbey eileten. Die Truppen verfolgten die Feinde
bis (L), die sich in (M) wieder versammleten. (N) Feindliche Reuterey, die
herbey kam, die Progressen unserer Truppen zu verhindern; die sich aber auf
Ordre des Herzogs von Broglio in die Obstgärten bey Bergen zurück zogen.

Hierauf rückte der linke der Feinde bis (O) vor, welches die Vermuthung machte,
daß sie einen neuen Angrif zu thun Sinnes wären. Der Herzog von Broglio
liesse deswegen aus Vorsichtigkeit die 11. Bataillons, so in Reserve stunden,
hersür rücken in den Platz (P), ingleichen 10. Escadrons Cavallerie (Q), die
er über den hohlen Weg (C) stellete.

Die Feinde machten in ihrer Stellung (O) einige Bewegungen auf ihrer Rechten,
mit einiger Infanterie, den Angrif, so ihre Jäger (R) aus dem Vilbeler Wald
thaten, zu unterstützen. Der Angrif aber war ohne Würkung, wegen des
Widerstandes der Freywilligen (X), welche durch die Sachsen (F) unterstützet
worden. Nachdem die Feinde von ihrer Rechten und Linken auf Bergen Ver-
suche gemacht, und überall durch die guten Veranstaltungen des Generals star-
ken Widerstand gefunden hatten, begnügten sie sich, ein starkes Canonen Feu-
er (S) zu machen, welches bis in die Nacht dauerte, unter dessen Begünstigung
sie durch den nemlichen Weg, wo sie hergekommen waren, wieder zurück gezogen
sind.

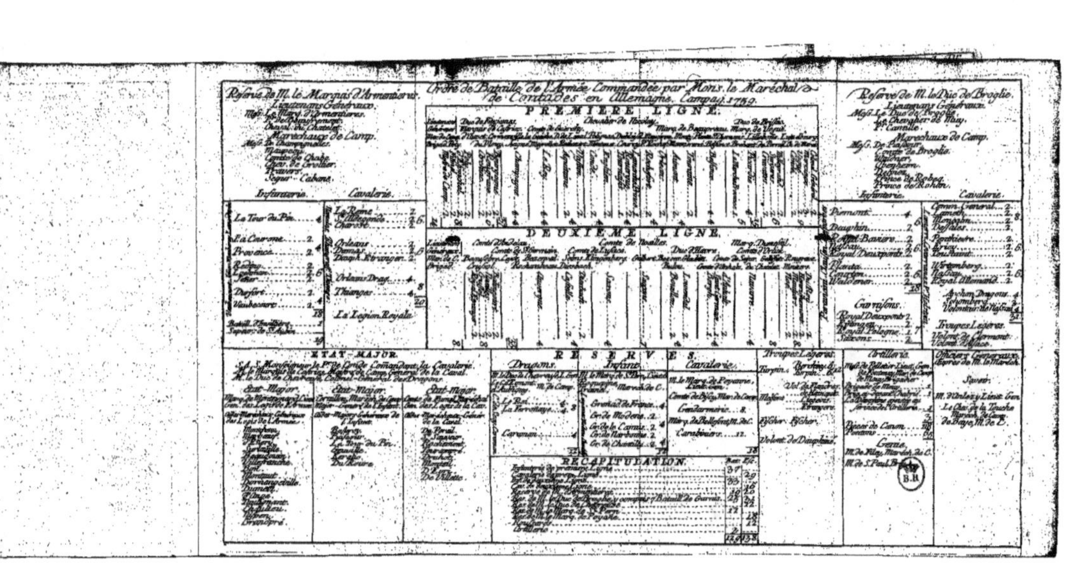

Ordre de Bataille de l'Armée Commandée par Mons. le Maréchal de Contades en Allemagne. Campag. 1759.
PREMIERE LIGNE.
DEUXIEME LIGNE.
RESERVES.
RECAPITULATION.
ETAT-MAJOR.
Reserve de M. le Marquis d'Armentieres.
Lieutenans Généraux.
Maréchaux de Camp.
Infanterie.
Cavalerie.
Reserve de M. le Duc de Broglie.
Lieutenans Généraux.
Maréchaux de Camp.
Infanterie.
Cavalerie.
Dragons.
Infanterie.
Troupes Legeres.
Artillerie.

Etat du Gros de l'Armée Alliée 1759.

Le Corps du Gen. Wangenheim.		Etat du Gros de l'Armée Alliée 1759.					Le Corps de S.A.S. Mgr. le Pr. Héréd. de Brunswic.	
Lieutenant Général		**Lieutenant**		**Général**			**Lieuten.**	**Général**
d'Infanterie	de Cavallerie.	d'Infanterie		de Cavallerie.			d'Infanterie.	de Caval.
		Spoercke Wutgenau	Pr. Anhalt. Imhoff	Sackville Pr. d'Holstein		Granby Kingsdell V.off.	M. le Comte de Kielmansegge.	
Général	**Majors.**	**Général**		**Majors**			**Général**	**Majors**
d'Infanterie	de Cavallerie	d'Infanterie		de Cavallerie			d'Infanterie	de Cavallerie
Halberstadt.	Grothauss.	Waldegrave Scheele Bose Behr.	Kingsly Sweibourg Doll.	Mostyn Eliot.		Finckenstein.	Dreves.	Bock.

Ordre de Battaille.

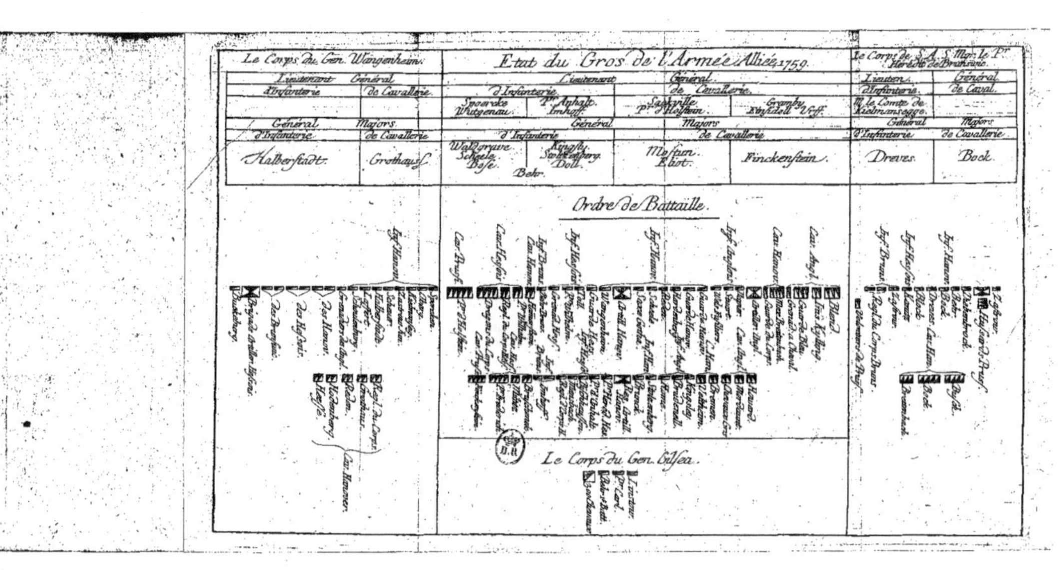

Le Corps du Gen. Gilsea.

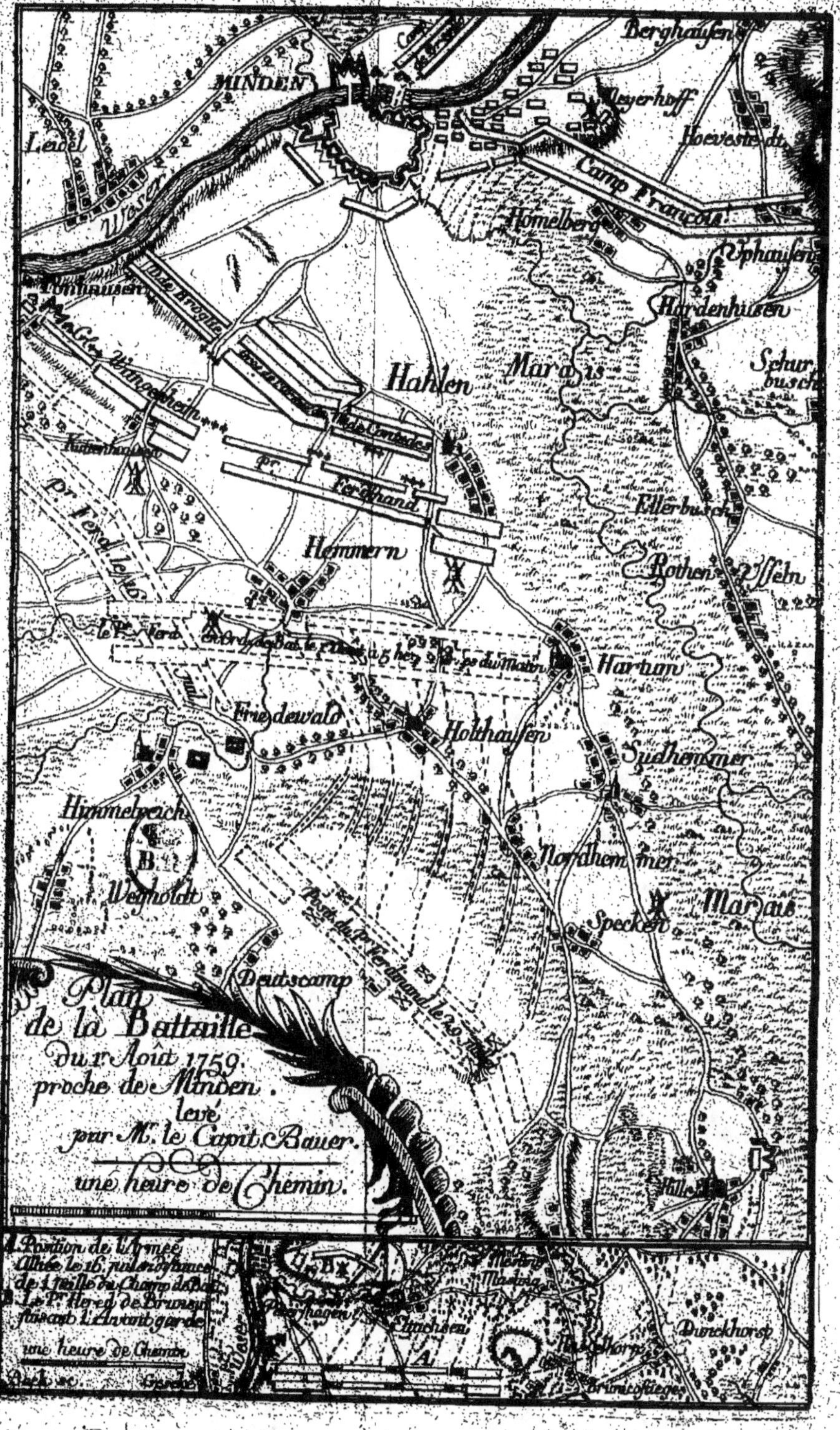

Berghausen
MINDEN
Leidel
Weser
Meyerhoff
Hoevested
Camp François
Homelberg
Vphausen
Tonhausen
Hardenhusen
Schur busch
Witoessem
Marais
Hahlen
Küterhausen
Pr. Ferd.
Bois Contades
Ferdrand
Ellerbusch
Hemmern
Rothen Vssen
Le Pr. Herd.
Hartom
Friedewald
Holthausen
Sudhemmer
Himmelreich
B
Nordhemmer
Wegholdt
Specken
Marais
Deutscamp
Plan
de la Bataille
du 1.r Août 1759.
proche de Minden.
levé
par M.r le Capit.e Bauer.
une heure de Chemin.
Portion de l'Armée
Alliée le 16. juillet devance
de 1. feuille du Champ de Bat.
Le Pr. Hered. de Brunsic
faisant l'Avantgarde
une heure de Chemin
Dunckhorst
Weser

Les Environs de MINDEN, avec l'affaire de GOFELD, du 1. Août 1759.
Explication du Combat près de Gofeld, le 1. Août 1759.
A. Position de Mr. le Duc de Brissac le 31. Juillet, au Soir. B. Ce Corps en Ordre de Bataille. C. Posit. de S. A. le Prince Héréditaire de Brunswick. D. Sa Marche en 3 Corps différens. E. Posit. de l'aile gauche du Pr. Hered. de Brunsw. commandée par le Génér. de Bock, proche du pont sur la droite de Mr. de Bris. F. Centre de l'Armée du Pr. H. de Brunsw. com. par Mrs. les Gén. de Kilmansegg, et Ore ve, les quels ne firent pas plutôt à portée des Franç. qu'il furent canonés. G. Aile droite du Pr. H. de Brunsw. qu'il conduisit lui même par le pont de Kirchling. H. L'Armée de ce Pr. en Ordre de Bat. I. Mouvem. qu'il fit pour prendre Mr. de Brissac en dos, ce qui obligea le Gén. Français de passer à près du Canon de Mr. de Bock, qu'il perd
Wildcappel
Ochien
Brocck
Ronckhausen
Brockmuhle
Lubbecke
Ochensen
Remeberg
Halle
Hillen
Suffeld
Offensted
Wormsel
Petershagen
Kirchling
Gofeld
Treumen
Tolleborn
Berssencamp
Forchen
Ophausen
MINDEN
Zur Lasse
HERVORDEN
Steenbeck
Woste
Remen
Nenden
Hulsten
Frille
Abate
Saltzuflen
Hensen
Schulmar
Holminhof
Hosswaler
Häus zum Berge
Dotingen
M. Brenen
Bickenbur
Supelden
Weerle
Eersen
Warendorf
Dethal
Hunderhausen
Breme
Welldorf
Vrethen
zum Vellen
St. Brenen
Batsen
Oberkirchen
Judhorst
Bentel
Meyer
Brockhausen
Lune
Eang Holzhausen
Brockhau
Hensdorf
Velten
Insberger
Buckeberg
Arenberg
Laye
LEMGOW
Ludenhausen
Warnhold
Muhlenbek
Danckersen
Ramern zur Lusa
Heeden
Brake
Rapernaus
Hilgentrup
Sehren
Engern
Schaumburg
Collenstedt
d. Nesseln
Herbershausen
Beerup
Grosgeddruss
RINTELEN
Hohlmenau
M. Wichb
Gr. Wichen
Hagen zu Donop
Donop
Alt. Donop
Be
Donop Wald
Sternberg
Feische
Hohenrode
Inger
Frugenberg
Oldenden
Rauchenbath
N. Krin
Brockhausen
Somerselle
Bos
Homfeld
Meyerey
Willbasen
Holtzenhof
Münchhof
Alverdisen
Dorothenthal
Ottenbruc
Herentrup
Scholte Tach
Selbke
Lutkenfeld
Bonheim
Rane
Haverbeck
Hasbecken
Fische
Reilenkirchen
Vase Grund
Wierbornho
Münse
Bolle
Mos pe
Barenbrup
Nessenberg
Blomberg
Ulkese
Sonebern
Crop hof
WOMBEL
Bonolsen
Frohse
In Brich
Deisenberg
Demme
Ruh Bery
Hever
Grieshen
Griesham
N. Messinghute
Wahlsen
Wardum
Jollhausen
Selkon
HAMELN
Scheer
Holz
Gr. Berckel
Schelle
Chemin de ___ heures

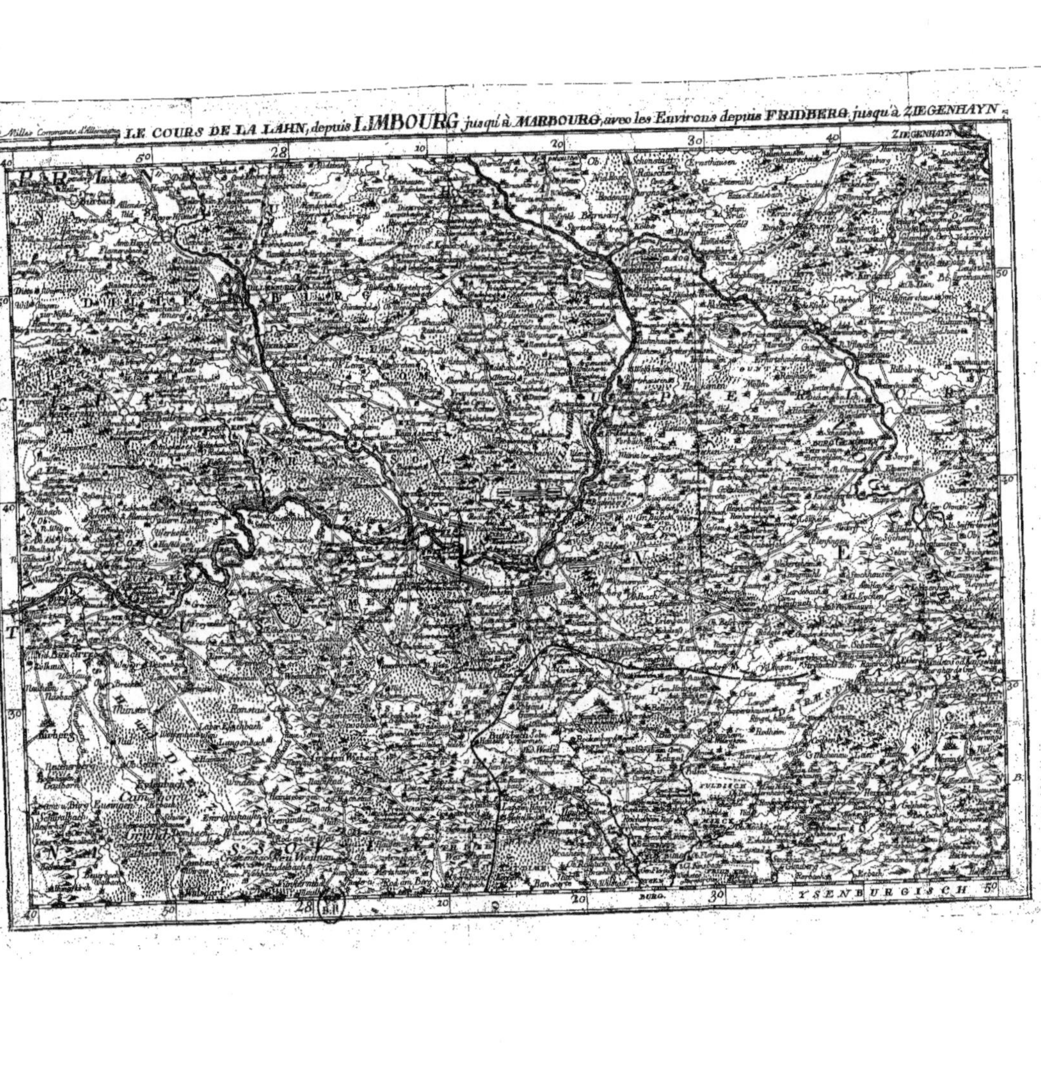

LE COURS DE LA LAHN, depuis LIMBOURG jusqu'à MARBOURG, avec les Environs depuis FRIDBERG jusqu'à ZIEGENHAYN
Milles Communes d'Allemagne
YSENBURGISCH

MOUVEMENS
QUE FIRENT LES
DEUX ARMÉES
Par-rapport à la Journée du 1. Août
PROCHE DE MINDEN,
POUR SERVIR D'ECLAIRCISSEMENT AUX
PLAN DE CETTE BATTAILLE.

L'Armée Alliée marcha le 16. Juillet à Offensted, en trois Colonnes, le Prince héréditaire de Brunswic la précéda, avec 8. Bataillons & 8. Esc.; & occupa les Hauteurs entre Petershagen, & Donhausen, ou *Tonhausen*.

Le Camp de l'Armée Françoise se trouvoit alors devant la Ville de Minden.

Le 17. de grand matin, le Pr. Ferdinand suivi de tous les Piquets de l'Armée, fut reconnoître la position de l'Armée Françoise dans le dessein de l'attaquer.

Le Pr. Héréd. marcha pour cet effet en avant jusqu'à Donhausen, & l'Armée suivit en 9. Colonnes. Surquoi l'Armée Françoise se retira derrière le Ruisseau & le Marais qui partagent la plaine de Minden, & fut canonnée dans sa Retraite par le Prince Héréditaire.

Le Duc de Broglie qui avoit poussé jusqu'à Buckebourg vint se raprocher à l'Armée Françoise, & campa entre Minden & Neesen.

Là-dessus le Pr. Ferdinand ramena l'Armée dans son Camp près de Petershagen après avoir garni le Village de Donhausen d'un Bataillon de Grenadiers.

Le 24. de Juillet les Alliés avoient 4 ponts de bateaux sur le Weser, près d'Offensted.

Le Village de Hille ayant été occupé par les François, le Prince héréditaire les en délogea le 25. de Juillet; & on fit occuper les Villages de Hemmern & de Holtzhausen.

Le Prince Héréditaire fut détaché, le 27. de Juillet, au soir, avec 8. Bataillons, & 8. Escadrons, pour occuper le Village de Lubke; ce qui se fit le 28 au matin.

Le Général Drevès, étant venu de Bremen, délogea, ce même matin, les Ennemis d'Osnabruck.

Le Prince Héréd. marcha le 29. de Lubke à Rimsel, & y fut joint, le même jour, par le Général Dreves, avec 4. Batt. & 2. Esc. il délogea, le 30. Juillet, l'Ennemi de Bune, & reprit ensuite sa position de Rimsel.

Mr. le Duc de Brissac, qui commandoit un Détachement de 7. a 8000. hommes, alla camper sur la Bruyete de Kirchlingen, d'où il se replia le 31. à Gofeld, mettant la Werre devant lui, apuyant la gauche à Gofeld, & la droite aux Salines, du côté de Remen.

Le Prince Héréditaire campa, de son côté, le 31. entre Quernheim & Kirchlingen.

L'Armée Alliée décampa le 29. Juillet de Petershagen, marchant en 3. Colonnes, par sa droite, vers Hille, & assit son Camp entre Hille & Friedewald. Les Villages de Hahlen, & Hemmern furent occupés par des Piquets; & Hille par un Détachement.

Le Général Wangenheim resta, avec 8. Batt. & 10. Esc. au camp de Donhausen; & les Troupes, qui avoient été postées au-delà du Weser, y restèrent pareillement.

Le Lieutenant Général de Gilsea marcha le 30. Juillet, avec 3. Batt. & 2. Esc. à Lubke; & fit occuper divers postes.

Mr. le Duc de Broglie passa le 31. de Juillet, à 10. heures du soir, le Weser, pour se joindre à la grande Armée; le Comte de St. Germain y étoit venu, le même jour, avec le Corps de Troupes, qui avoit campé à Schwubber.

Toute l'Armée Françoise déboucha à 1. heure du matin le 1. d'Août, en 8. Colonnes; elle se forma en deux Lignes d'Infanterie, qu'on plaça sur les deux Ailes; la Cavallerie composa le Centre sur trois Lignes.

La droite de cette Armée étoit appuyée au Weser, la gauche au Village de Hahlen, dont elle s'empara. Mr. de Contades fit en même tems attaquer les Postes avancés des Alliés & fit faire une fausse attaque au Village de Hille, où étoit le Quartier Général du Pr. Ferdinand.

L'Armée Alliée déboucha à 5. heures du matin, en 8. Colonnes, & se forma derriere Hemmern.

Pendant ce tems-là, le Général Wangenheim fut attaqué par la droite Françoise sous les Ordres du Duc de Broglie; mais le feu des Batteries tint l'un & l'autre Corps en respect.

Le Pr. Ferdinand délogea les François d'Hahlen; qui mirent ce Village en feu dans le même tems, mais l'Armée Alliée se porta, avec tant de rapidité, sur le centre de l'Armée Françoise (*), que Mr. de Contades trouva à propos de se retirer sous le Canon de Minden jusqu'où les vainqueurs le poursuivirent.

Le Général Gilsea, de son côté ayant délogé les François d'un poste qu'ils tenoient encore sur la gauche, se hâta de s'y rendre aussi, au-lieu de s'employer à couper la retraite à Mr. de Brissac, comme il auroit pû le faire.

Mr. de Brissac posté au Pont de Gofeld, fut attaqué en même tems par le Prince Héréd. qui avoit débouché en 3. Colonnes de Quernheim, pour forcer ce Corps qui avoit passé la Rivière de Werre, & avoit pris une position fort avantageuse.

La première Colonne du Pr. Héréd. passa la Werre près d'un Moulin, au dessus de Gofeld, & déboucha par Bischofshagen.

La seconde traversa la Bruyère par Hausbeck, pour attaquer Mr. de Brissac en front.

La troisième Colonne déboucha près de Minninghausen pour tomber sur le flanc; ce qui réussit tellement, que Mr. de Brissac fut forcé à prendre le parti de la Retraite.

(*) Voyez la RELATION détaillée de la Bataille.